西班牙商法典

1885年10月16日通过
2007年3月16日修订

潘灯 高远 译

中国政法大学出版社

序 言

继《西班牙刑法典》和《西班牙宪法典》之后，《西班牙商法典》又要出版了。前些天，潘灯将书稿交到我手里，邀我作序。回忆译者2004年和2006年将前两本译著送到我手里时的情形，依然历历在目。三年多来，潘灯始终是那样的清瘦，始终是那样的执著。

西班牙对于我们做法学研究的人来说，很是陌生，究其原因就是很长一段时间里国内缺乏一套可以参考的西班牙法律译本。尤其是像我这样做国际私法研究的，很多时候必须回归到对象国的内国法才能将一个问题彻底解决。从这个角度讲，由衷地为这本书的出版感到高兴。

尽管对于《中国民法典》结构的争论已经尘埃落定，但当下的学术界关于我国商事立法基本形式的学理争论依然不绝于耳。有学者认为，民商应该合一，明确提出要制定民商合一的《民法典》，反对在民法之外另订商

Ⅱ 西班牙商法典

法,主张将商法的内容融入民法,使商法民法化,用民法取代商法。有学者认为,"民离商缺其生命,商离民少其根本",真正的民商合一和中国的民商立法应当是制订一部统一完备的《民商法典》。有学者认为,中国不必制定民法典,而应立足中国现有的法律体系,制定"民商法律总纲",并以此指导完善现有的民商事单行法律,从而建立以民商法律总纲为统帅、以各单行法为骨干的民商法律网络。更有学者认为,既然商法作为一个独立的法律部门已毫无疑义,那么在立法模式上,中国就应采取私法二元结构的立法模式,即采取民商分立的立法模式,在民法典之外,再单独制定一部《商法典》。

《西班牙商法典》的汉译本问世,不仅使我们更深入了解和分析这部典型的"民商分立模式"的商法典,更为我们提供了一条从理论上比较分析商事立法体系与制度的新途径。由于深受法国立法模式的影响,西班牙沿袭了民商分立,而不是民商合一,应该说她符合了当今世界商事立法的现状与趋势。时隔100多年,《西班牙商法典》一直在延用,且在结构上没有经历较大的改动,这是一个很重要的原因。同时,这部法典也具有鲜明的本国特色,即"海商法"部分占据了很大的篇幅,这是《西班牙商法典》与其他国家的《商法典》风格迥异的最大特征。西班牙是一个临海的国家,海上贸易为西班牙的崛起提供了丰厚的物质基础。

可以说，当时的立法者在充分借鉴国外成功立法经验的基础上，走出了一条适合西班牙国情的商事立法之路。这对我们今天制定我们的商事法律，甚至是构筑整个立法架构都是有启发意义的。我国实行的社会主义市场经济不同于人类社会以往的任何形式的市场经济，我国选择的立法模式，既不可能是大陆法系推理方式的翻版，也不可能是英美法系实证主义的照搬，而是要在充分考虑我国社会主义市场经济发展需要的基础上，选择适合自己的模式。

1975年佛朗哥去世后，西班牙结束了近40年的专制独裁统治，开始向现代民主政治过渡，经济领域也迅速向资本主义主流社会和主流模式靠拢，《西班牙商法典》中的大量条文其实已不再适用。《商法典》之外，出现了《有限公司法》、《证券交易所法》、《银行法》等大量的单行商事法律。根据后法优于先法，特别法优于一般法，《商法典》的很多条文其实已经被事实上废止。从某种程度上讲，今天的《西班牙商法典》仅仅起到"商事通则"的作用。众多单行商事法律围绕《商法典》展开，各司其职、并行不悖，一方面与时俱进地处理了各种新兴的商事关系，一方面保证了整个商法体系的稳定性和完整性。

Ⅳ 西班牙商法典

虽然我国还没有统一的《商法典》,但随着社会主义市场经济改革取向的确立,我国立法机关采取了非常实务的立法态度,相继颁布了《海商法》、《公司法》、《票据法》、《保险法》、《合伙企业法》、《证券法》、《个人独资企业法》等一系列单行的商事法律。但由于对商法缺乏科学的熟悉和合理的界定,我国颁布的各种单行商事立法具有一定的应急性和盲目性,在系统性、科学性、前瞻性和国际性方面还存在一定的不足,而且它们之间还缺乏相应的协调性和统一性。读到这部法典,我想我们完全可以免去重新制定完备的《商法典》的繁劳,而仅仅制定一部《商事通则》,作为我国商事立法模式和制度的创新。这样,不仅有利于实现对商事关系的基本调整,统率我国现行的商事立法,改变我国商事立法群龙无首的现状;而且有利于进一步协调统一我国的商事立法,使其沿着正确的方向健康地向前发展。

此书的出版还有着最直接的现实意义。随着我国对外开放水平的不断提高和国家在经济领域导向的变化,有条件的国内企业正在越来越多地加入"走出去"的行列,暂时没有条件的企业也开始善于以更多的方式利用国内国外两种资源和两个市场。中西和中拉的双边贸易得到了双方各自政府的高度重视,一系列的政策导向和扶持使我们清楚地看到了西班牙和拉美是被忽视却甚为重要的投资地。了解西班牙的商法制度，并通过西班牙来了解拉美很多国家的商法制度，对于把握好这个趋势提供了制度保障。相信有不少的企业家会因有了本书而受益。

最后，想说一点。一部法典的翻译如同一次登山，当你决定攀登时即使做好最坏的心理准备，也无法预知前方的荆棘密布和陡峭难行，没有顽强的意志是不可能到达顶峰的。登山是对身体素质和意志力的考验，翻译是对专业知识和意志力的考验。我祝贺我的学生潘灯又顺利攀登上了一个山头，也关注着他继续向下一个山头攀登。

黄进*

2008 年 1 月 12 日
于蓟门桥

---

* 中国政法大学教授，博士生导师，国际私法研究所所长。

译者前言

　　本书付梓出版之际,首先感谢我的朋友潘灯先生。在合作翻译的过程中,每当遇到种种细碎的问题与困难,他给我的帮助远远超出法学专业的范畴,更有为人处世的广博和宽容。相信认识他的人,都可以从他身上感受到这种思考的精神和行动的热情。

　　感谢我的厄瓜多尔朋友 Ximena Gabriela Correa Varalezo 博士。她领我入门法学领域,教我感受到西班牙语中法学词汇的高深和精致,品味与辨别每个词包含的色彩、意义与传统。她也让我明白热爱治学、热爱语言及热爱生活是融会而统一的。

　　感谢南京大学的老师们七年来的春风化雨。尤其要感谢丁言仁教授和倪华迪教授,在做事方法和人文精神上对我的影响。

　　感谢我的父母和家人,你们无条件的支持是我一切努力的源泉和攀上每一级阶梯的立足之本。母亲以其专业的财会知识，冬夜里与我细细研究本书中公司会计法务问题的情景，成为今日远在国外的我心里最温暖的安慰。

本书能够顺利出版，也得益于太多人的帮助。衷心感谢中国政法大学出版社的李克非先生对本书出版倾注的心血和耐心。中国政法大学环境与资源法专业2006级研究生斯晓荷同学，在她司法考试备考的紧张阶段义务为本书进行了初审；国家开发银行国际金融局的杨玲女士和北京第二外国语学院西班牙语系的董杨女士也完成了本书中部分条文的翻译。北京市两高律师事务所李向安律师和中国政法大学国际经济法专业2005级研究生刘娴，在本书的翻译过程中给予了我们法律方面的颇多帮助。没有他们的帮助和激励，便不会有本书的诞生。

此刻，我不禁回忆起2007年年初，我与潘灯先生正为翻译《西班牙民法典》时遇到的一系列困难而困惑时，我国西语界的具有崇高威望的宗师吕龙根教授以他深邃的眼光和宽广的见识，建议我们首先翻译这本《西班牙商法典》。过去的一年里，即便是在接受手术治疗期间，吕教授也一直关注本书的进展。本书的出版是我们对他健康长寿最好的祝福。

　　所以，真诚感谢所有支持和帮助我的国内外的朋友。
谢谢你们！

高远

2008年1月2日

于哥伦比亚波哥大

目 录

I	序 言
VI	译者前言

第一卷　商人及总则

3	第一章　商人及商行为
7	第二章　商业登记
11	第三章　会计制度
11	第一节　账簿
15	第二节　年度财务报告
19	第三节　集团公司年度财务报告
29	第四章　商事合同总则
33	第五章　营业地
33	第一节　交易所
33	第二节　交易所的操作

36		第三节　缔结合同的其他地点：集市、市场和商店
38	第六章	中介人及其义务
38		第一节　中介人的一般规定
42		第二节　交易所代理人
43		第三节　商事经纪人协会
44		第四节　船运中介协会

第二卷　商事特别合同

49	第一章	商事公司
49		第一节　公司的设立及其分类
51		第二节　无限公司
55		第三节　两合公司
57		第四节　股份两合公司
59		第五节　有限公司
60		第六节　股东的权利和义务
62		第七节　信托公司
63		第八节　开具和提现期票银行
64		第九节　铁路公司和其他公共建筑公司
67		第十节　仓储公司

68		第十一节　土地信贷公司或土地信贷银行
71		第十二节　农业银行和农业公司的特别规定
73		第十三节　商事公司的破产和清算
78	**第二章**	**合资经营**
79	**第三章**	**商业行纪**
79		第一节　行纪人
88		第二节　其他形式的商业委托，代销人、雇员和雇工
93	**第四章**	**商业保管**
95	**第五章**	**商业借贷**
95		第一节　商业借贷
97		第二节　担保的借贷
99	**第六章**	**买卖、互易、无背书的有价证券的转让**
99		第一节　买卖
104		第二节　互易
104		第三节　无背书有价证券的转让
105	**第七章**	**陆路交通运输商事合同**
114	**第八章**	**保险合同**
114	**第九章**	**商事担保**

115	第十章　汇票合同
115	第十一章　支付委托书、提货单、期票、支票的合同
115	第十二章　票据持有人的权利，票据的抢劫、盗窃或丢失
115	第一节　票据持有人的权利
116	第二节　不记名证券和票据文件的抢劫、盗窃或丢失
122	第十三章　可背书转让的信用证

第三卷　海商法

127	第一章　船舶
133	第二章　海商贸易参与人
133	第一节　船舶所有人和船主
138	第二节　船长
148	第三节　船员
159	第四节　货运员
160	第三章　海商特别合同
160	第一节　船舶租用合同
160	一、船舶租用合同的形式和效力

165	二、出租人的权利和义务
168	三、托运人的义务
170	四、船舶租赁合同的全部或部分撤销
172	五、海上旅行的乘客
175	六、提单
179	第二节 船舶抵押合同或押船冒险贷款
184	第三节 海上保险合同
184	一、合同的格式
186	二、可投保的标的及其估价
190	三、保险人和投保人之间的义务
198	四、保险合同的无效、撤销和修订
201	五、保险标的的遗弃
206	**第四章 风险、损失以及海商事故**
206	第一节 海损
212	第二节 强制靠港
214	第三节 撞船
217	第四节 海难
219	**第五章 海损的证据和理算**
219	第一节 各类海损的共同规定
221	第二节 共同海损的理算
226	第三节 分别海损的理算

第四卷　无力支付、破产和时效

229	第一章	无力支付、破产总则
229		第一节　无力支付及其效力
229		第二节　破产总则
229		第三节　破产的分类
229		第四节　破产时与债权人的协议
229		第五节　破产时债权人的权利及其优先权
230		第六节　破产后重新获得经营权
230		第七节　普通商事公司破产的总则
230		第八节　铁路公司、公共工程类公司及企业的无力支付和破产
230	第二章	时效
234	第三章	一般规定
235	译后记	

第一卷

商人及总则

第一章　商人及商行为

第1条
本法典所谓的商人是指：
1. 具有合法的经商能力，并惯常从事商业活动的个人。
2. 依本法典设立的工商业公司。

第2条
本法典认定的商人或其他人从事商业活动，应遵循本法典规定。本法典没有规定的，应依据当地商事惯例。以上规定均欠缺的，应遵循公共法的规定。符合本法典和其他商事法律规定的，均应推定为商事行为。

第3条
一经利用函件、报刊、海报、广告栏或使用其他形式向公众发布具有商业目的的公告，即被依法推定为该个人或组织在从事商业活动。

第4条
商个人须为成年人，并能自由支配其财产。

第5条
未满18周岁的未成年人或其他非完全行为能力人应通

过其父母或监护人从事商业活动。若监护人无能力从事商业活动或无法同时实施本行为,应依法指派一个或多个符合法定要求的经纪人,以便代行本行为。

第6条

已婚商个人有权支配个人财产,对个人财产及其收益有权实施转让或抵押。夫妻(译者注)共有财产的支配必须取得对方的同意。

(译者注:根据2005年6月1日修改的西班牙民法典,西班牙法律认可同性恋者结婚。故"夫妻"译为"婚姻缔结双方"或"配偶"更为妥当。本书依照原文的表述习惯,仍译为"夫妻"。)

第7条

前条所指的"同意"可推定为:夫妻一方明知另一方从事前条所规定的商业行为,且没有明确表达反对意见。

第8条

本法典第6条所指的"同意"亦可推定为:准备结婚的双方,一方明知另一方从事本法典第6条所规定的商业行为,且没有明确表达反对意见。

第9条

已婚商个人对其配偶财产进行商事行为,必须予以明确告知。

第 10 条

配偶一方可自由地对根据前面诸条作出的明确同意或推定同意予以反悔。

第 11 条

根据本法典第 7 条、第 9 条、第 10 条的规定,配偶作出的同意、反对、反悔的决定,涉及第三人利益的,应记录于商业登记中心的公开备忘录中。反悔的决定不得损害已取得权利的权利人的利益。

第 12 条

在商业登记中心登记的婚姻经济条约中,若有与前列诸条相违背的内容,依婚姻经济条约。

第 13 条

以下情形的主体不得从事商业活动,亦不得参与工商业公司的管理和经营活动。

1. (译者注)

2. 《竞争法》规定的无行为能力者,且根据明确的审判,尚处于无行为能力的期间内。

(根据 2003 年 7 月 9 日通过的第 Ley 22/2003 号法令修改。)

3. 在特别法或特别规定中,通过禁止性条款确定的不得进行商业活动的。

（译者注：原文无内容）

第 14 条

从事以下职业的自然人不得在其相应的省份或城市从事商业活动或直接参与工商业公司的管理和经营活动，亦不得通过第三人从事以上活动：

1. 在任的法官、检察官。

本规定不包括城市的市长、城市法官、城市检察官，亦不包括临时担任审判和检察职权的自然人。

2. 区域（译者注）、省份或城市的政府、财经或军事首长。

3. 政府任命的国家财政或税务官员，但不包括因特殊原因而进行管理或收税的官员或其代理人。

4. 任何形式的交易所代理人和商业经纪人。

[译者注：原文为"*distrito*"，本词表示无特定区域，无特定行政级别的"地区"。西班牙的地方行政区划分市镇和省（*provincia*）两级，两个或多个省之间可依法自愿结成自治区（*autonomía*）。因原文未使用 *autonomía* 一词，故本书译作"区域"。详见《西班牙宪法典》，中国政法大学出版社 2006 年版。]

第 15 条

外国人或依外国法设立的外国公司，可根据其本国法律在西班牙从事商业活动、签订商业合同，其资格、在西班牙境内营业所的设立、从事的商业活动及法律权利，均依据本法典的规定；并且，依据本法典规定，其可在西班牙境内设立分支机构、进行商业活动，并享有相应的权利。

与外国签订的条约或协定中有其他特别规定的，依特别规定。

第二章 商业登记

第 16 条

1. 商业登记包括：

第一，独资商人；

第二，公司；

第三，信贷、保险公司，以及相互保险公司；

第四，集体投资机构及退休金基金会；

第五，法律规定的自然人和法人；

第六，经济团体；

第七，法律规定的协议和合同。

2. 商业登记处同时需要企业主的合法资料，负责公证企业主的档案、存款、公开的财务账单，以及法律规定的其他相关资讯。

第 17 条

1. 商业登记处的人事管理受司法部监督。

2. 在省会城市和有必要的城市，依照现行法律设立商业登记中心。

3. 在马德里设立中央商业登记中心，仅作为信息交换发布机构，其组织结构和职能由法规规定。

4.《商业登记条例》规定商业登记中心登记员的职权。

第 18 条

1. 商业登记内容应当公之于众，但法律或《商业登记条例》有明确规定的除外。

2. 登记中心工作人员应依照职权证明各类申请登记文件的合法性，其授权或同意的文件以及递交或签署该文件的主体的有效性和合法性，以及登记内容和记载内容的真实性。

3. 商业登记中心接受登记后，须向中央商业登记中心交换基础数据，由中央商业登记中心在其公报中予以公布，随后根据这一公告将信息载入各中心的记录。

第 19 条

1. 不得强制独资商人在商业登记中心登记，但海事公司除外。

未在商业登记中心登记的独资商人无权要求商业登记中心将其记入任何文书，亦无权通过商业登记中心获取相关法律文件。

2. 符合本法典第 16 条第 1 款规定的其他性质的企业必须在商业登记中心登记。法律法规另有规定的除外。登记应在其获得营业所必须的文件后一个月内进行。

3. 船主，未在商业登记中心登记的，以其所有财产承担缔约责任。

第 20 条

1. 推定登记内容准确而有效，受法律保护。未被司法裁决为不准确或无效前，登记内容具有合法效力。

2. 被法律认定为无效的行为或合同，即使登记亦不具效力。登记内容被宣布为不准确或无效的，亦不影响善意第三人依法取得的权利。

第 21 条

1. 商业登记中心的官方公报公开后，所登记内容不能用于对抗善意第三人。但登记行为本身造成的结果除外。

2. 所登记内容在公开后 15 日内不能用于对抗可证明无法得知此信息的第三人。

3. 若认为公布内容对自己更为有利，可援引公布内容。造成分歧的一方承担造成损失的责任。

4. 所谓善意第三人是指无法证明确实知晓以下信息的人：应登记但未登记的文件、已登记但未公开的文件、公布内容与登记内容不一致的文件。

第 22 条

1. 独资商人登记的公开事宜包括如下个人身份信息：商号、公司名称、营业所总部名称、有分支机构的包括分支机构的名称、公司的业务范围、开始营业的时间，准予的权限，本法典第 6 条至第 10 条所规定的同意、反对和反悔的声明；婚姻经济关系约定，关于无效婚姻、分居或离异的判决；以及法律、法规规定需要注明的其他内容。

2. 在本法典第 16 条所列的非独资商人及本法典第 16 条列举的其他商事组织登记的公开事宜中应包括如下信息：企业的创建、变更、废止、解散、重组、合并和分离，分公司的设立，管理者、清算人或审计人的任命、停职和权限，依法发行的债券和注册之后可依法发行的其他有价证券，及法律、法规规定需要注明的其他内容。

3. 设立分公司时，应根据所在省份登记中心规定的格式和内容，在该省的登记中心另行登记。

第 23 条

1. 商业登记中心面向公众开放，公开业务包括登记员开具商业记录内容的公证书、通知单、登记处所存文件的记录。惟公证书为证明商业登记处记录真实可信的方式。

2. 若邮资在行政开支允许的范围内，公证书及通知单均可通过邮寄方式取得。

3. 商业登记中心不得就存档信息开具证明书，但关于不能注册的公司、商号以及其他实体的信息除外。

4. 使用电讯方式获得商业登记中心和公产登记中心的信息，参照 1946 年 2 月 8 日通过的《抵押法》经修订后的第 221 条、第 222 条、第 227 条、第 248 条中有关财产登记的相关方式。

（根据 2001 年通过的第 Ley 24/2001 号法令修改。）

第 24 条

1. 须进行商业登记的独资商人、商事企业和其他商业机构应将其处所及在商业登记中心进行登记的信息载明于其文件、函件、商务单据和发票上。商事企业和其他商业机构还应注明企业类型；涉及清算的，注明清算。欲注明资本的，应包括注册资本及支出状况。

2. 不履行以上义务的，依照《管理程序法》规定，由经济和财政部的派出机构在与利益相关人听证的基础上，处罚款5万至50万比塞塔（译者注）。

（译者注：比塞塔是西班牙在2002年欧元流通前所使用的法定货币。比塞塔曾分为100分，后因物价通胀而被取消。比塞塔于2002年3月1日停止使用，1欧元约相等于166比塞塔。本法典尚采比塞塔为货币单位。下同。）

第三章 会计制度

第一节 账 簿

第25条

1. 独资商人应具一份整洁的账目报表。报表内容应符合其企业经营状况，并按时间顺序记载其预算平衡与投资周期、资产清单以及企业所有的活动。年报表或其他日报表不得违反法律或特别规定的相关要求。

2. 财务报表应由独资商人直接或其被授权人（译者注）代为制作。被授权人代为制作财务报表不减损独资商人的责任。第三人代为制作报表的，被默认其已获得授权，除非有事实作出相反的证明。

(译者注:"被授权人"即为"代理人",此处遵循原文,译为"被授权人"。)

第 26 条

1. 公司亦应有一本或多本簿册,其中至少应记录公司会议、特别会议或其他组成机构作出的决议。同时注明会议或机构的相关材料、受争论事宜的简述、受赞同的观点、作出的决议和投票的结果。

2. 股东或其他代替股东出席股东大会的人,可随时获得股东大会决议和股东大会记录。

3. 管理者应在 8 日之内向商业登记中心提交应登记的大会决议,以待公证和认可。

第 27 条

1. 企业主向其所在地的商业登记中心提交应提交的卷宗。该卷宗在使用前应在其注有批语的卷宗的各页加盖登记章。所在地更改后,原登记内容仍具有完全合法效力。

2. 在账簿中作记录应依照适当程序,并按顺序装订成册,并在此后 4 个月内提交进行公证。公司纪要簿册的登记适用商业登记中心的规则。

3. 前述规定同样适用于股份公司和两合公司的记名股票登记书,有限责任公司的股东登记书。上述登记书可以根据公司相关规定,以电子文档形式保存。

4. 各商业登记中心均应制作确认簿册,作为存放所作公证的集录。

第一卷 商人及总则 13

第 28 条

1. 年度财产款项清单表应详细记录各项收支。至少每季度誊写经核实的金额和余额。同时还应誊写年度结算清单及年度账目。

2. 日报表应逐日登记企业开展的相关业务。根据所开展业务的规定，可按不长于一个月的周期记载该周期内的所有业务。记载内容与其他文书或登记的内容一致的，记载内容有效。

第 29 条

1. 所有账本和账目，无论其记录的方式，均应按照日期清晰记载，不得留有空白，不得有增添、删除和擦痕。登记内容出错或疏漏，应随即更正。不得使用法律法规未规定的和商事惯例中不广泛使用的缩写和符号。

2. 登记金额应以比塞塔（译者注）为单位。

（译者注：尽管本法典尚未修改货币单位，但根据《马斯特里赫特条约》的规定，欧元启用后，西班牙的商业买卖和登记均以欧元为单位。下同。）

第 30 条

1. 企业应有条理地载入与其业务相关的通讯函件、各种记录及发票。保存期限截至完成最后一项登记后 6 年。一般规定或特别规定中有其他规定的除外。

2. 企业终止其业务亦不免除前条所述义务；自然人死

亡的,由其继承人继续履行;企业发生清算的,由清算人履行。

第 31 条

公司各种账簿及其他账目文件作为证据时,其效力由法院根据本法总则的规定确定。

第 32 条

1. 公司账目属于机密,但不影响法律对其的相关规定。
2. 企业的账目、函件及其他文件惟在企业或其他商事机构的概括继承(译者注)、延缓偿付、破产、清算、任职调整时,或者在股东或法定职工代表有权对其进行审查时,由当事人或有权提出要求的人要求,方予以公开。
3. 在前款规定的情形下,可依据当事人请求或依职权裁决,要求相关人或责任人出示企业的簿册和文件。出示的内容仅限于以上涉及的部分。

(译者注:此处"概括继承"是指被继承人死亡后其财产上的权利和义务统由继承人承受的继承。)

第 33 条

1. 依前条规定公开内容时,无论公开全文或部分,均应于企业主所在处,在所有相关人、企业主或企业主的代理人在场时进行。同时,应对簿册或文件采取必要的保护和照看措施。
2. 申请人在查阅簿册或文件时,可采取法官认为适宜的辅助设施。

第二节 年度财务报告

第34条

1. 业务终止时,应编制一本年度财务报告,其中包括资产负债表、损益表和说明。所有的文件应归为一体。

2. 年度财务报告应依照法律规定,清晰记载企业的财产、财政状况及企业的经营业绩。

3. 若依法编制的报告仍不足以忠实地反映情况,还应完整准确地补充记载其他信息。

4. 特殊情况下,若按照某项涉及企业会计的法律规定填报数据有悖于该年度报表反映情况,则不得适用该项规定。此种情形下,在说明中应陈述未适用该规定的理由,并指出若适用该规定对反映企业的财产、财政状况和经营业绩的影响。

5. 年度财务报告的编制应当以比塞塔(译者注)为记账单位。

(译者注:见本法典第29条"译者注"。)

第35条

1. 资产负债表应将企业资产、企业债权、企业债务分开登记,分别载明书目。开始业务时的负债应与业务终结时的负债相符。

2. 损益表收入和支出分开登记,其差额为经营业绩。日常经营业绩应与非日常经营业绩或非常规情形下的经营业绩分列。

3. 说明应包括对资产负债表和损益表中登记项目的补充和评论。法律另有规定时，亦应包括投资表。投资表中应记载经营中取得的各类收益及其来源、使用的各种固定资产或流动资产。

4. 资产负债表、损益表、投资表中除包括结束某项业务时的数字外，还应包括对应的结束业务时的数字。若两个数字不同，认定为开展该业务的，在无法进行比较或收入不确定时，均应做出说明，并进行必要的批注。

5. 资产负债表和损益表中没有业绩的项目可以不填写。但就该项确已进行业务的除外。

6. 不得将债权项和债务项、收入项和支出项抵消。

7. 在无特别法规定时，资产负债表和损益表应采用规定的格式。

第36条

资产负债表和损益表的格式不得因实施的业务进行变动。特别情形下可不适用本规定，但须在说明中做出必要的批注。

第37条

1. 年度财务报告应有如下签名：
a. 一人公司的出资人。
b. 无限公司和两合公司中承担无限责任的所有股东。
c. 股份公司和有限责任公司的所有管理人。

2. 前款 b 项和 c 项的公司中有应当签名而未签名的，应在文件中注明未签名的原因。

3. 落款处应注明编制账目的日期。

第 38 条

1. 对年度财务报告中各项内容的评估应遵循一般的财务原则。特别地，还应遵循如下规定：

 a. 考虑到企业的持续经营。

 b. 采用的评估标准应前后一致。

 c. 评估应小心谨慎。在出现不一致时，遵守这一原则尤为重要。要求在收支中只考虑迄今为止已经实现的收益，并考虑到可预见的风险，以及由此项或先前的商业活动带来的不确定损失，将已发生的、不可逆的损失与潜在的、可避免的损失相区分。甚至在账目结束日期之后、做账之前发生的损失，无论此商业活动最终是盈利还是亏损，都要在备忘录中予以记录。

 d. 年度报表中的每项商业活动，无论其出账或入账的日期，都应记录其相应的支出及收入。

 e. 债权项目和债务项目应分别评估。

 f. 固定资产项目和流动资产项目按照取得的价格和生产的成本分别评估，但不得影响下条规定的效力。

2. 特殊情况下，可不适用以上原则。此种情形下，在说明中应陈述未适用该原则的理由，并指出适用该规定对反映企业的财产、财政状况和经营业绩的影响。

第39条

1. 固定资产项目和流动资产项目的使用受时间限制的，应分摊到该期限的各个时间段。若未规定期限，资产发生持续贬值的，应进行必要的估价调整，在资产负债表中以较低的价格记入该日对应的栏目。

2. 流动资产在特别情况下由于市场行情或其他原因造成贬值的，在资产负债表中以较低的价格记入该日对应的栏目。

3. 前款所列的固定资产和流动资产的估价调整应在资产负债表中记入相应的收益栏目中，除非这一不可逆转的调整造成了损失。

4. 前列诸段所涉及的降低估价在造成调整的原因消除后不得继续计入。

5. 若不动产、持续更新的原材料及耗材的数量、价值及组成不经常变化，可以作为例外，以恒定数量及价值记入资产，并在备忘录中指明此项记录的原因及其数额。

6. 纯获利部分应记入资产负债表的收入栏。

第40条

1. 根据其他法律和本法典第32条、第33条的规定，相关法官的判决要求或利益相关人申请通过司法途径对企业年度财务报告进行审计的，企业应向审计人提供年度财务报告。

2. 审计人应向法官提供审计报告。审计中未发现实质错误或不规范内容的，申请人应承担程序和审计费用。

第 41 条

1. 股份有限公司、有限责任公司和股份两合公司，其年度财务报告的审计和公开依据专门的规定。

2. 无限公司和非股份两合公司的一般两合公司，其年度财务报告在业务终止时的审计和公开，依据《股份有限公司法》第七章的规定，但该章第九节的规定不适用。

第三节　集团公司年度财务报告

第 42 条

1. 集团公司的控股公司有义务按照本节规定制作年度财务报告和集团管理报告。无法确定控股企业的，由成立集团公司时占有最大股份的企业承担本义务。

所谓集团，是指多个公司联合、稳固地结为一体。多个公司按照如下形式形成了一家公司成为其他公司的股东的局面，也推定成为集团。前者为控股公司，后者为受控公司。

a. 拥有多数表决权。
b. 有权任命和解除大多数管理机关的成员。
c. 根据与其他股东达成的协议，拥有多数表决权。
d. 已排他地使用了多数表决权任命了多数管理机关的成员，在制作集团公司年度财务报告时，以及此前两项业务期间扮演了控股权利的。但此公司的管理人为其他同一集团公司的公司根据 a 项和 b 项的方式任命的除外。

控股公司的表决权中还应增加下属公司的表决权、个人以自己名义拥有的但代表控股公司或受控公司的表决权以及任何通过约定拥有该权利的个人。

（根据2003年12月30日通过的第Ley 62/2003号法令修改。）

2. 某个或多个公司同受另一个公司管理的，亦认为稳固地结为一体。特别地，某受控公司的大多数管理机关的成员为控股公司的或该控股公司的受控公司的管理机关的成员或高级管理人员的。

（根据2003年12月30日通过的第Ley 62/2003号法令修改。）

3. 不得因为特别的规定而在集团的年度财务报告和集团管理报告中不包含任何集团下属企业的年度财务报告和集团管理报告。

4. 控股公司在其集团公司年度财务报告中不但要包括其直接控制的公司，还要包括其间接控制的公司，无论后者住所地的位置。

5. 控股公司的股东大会任命监事负责掌控集团年度财务报告和集团管理报告。监事负责检验集团管理报告与年度财务报告是否一致。

6. 控股公司的股东大会应一并通过集团公司年度财务报告和控股公司的年度财务报告。受控企业的股东有权获得股东大会通过的决议报告、集团管理报告和监事会报告。公布的和在商业登记中心保存的集团公司年度财务报告、集团管理报告和监事会报告应与该股份公司的年度财务报告一致。

7. 本节的规定适用于所有控股自然人或法人制定和公

布的集团公司年度财务报告。本节第 1 项和第 2 项未规定的其他控股自然人或法人制定和公布的集团公司年度财务报告，有可能的，也适用本节的规定。

第 43 条

1. 在以下两种情形下，前节所指的公司并非必须要组成集团公司，但已在股票市场发行非流通股的除外：

（1）当控股公司结束业务时，受控公司最终年度账目未超过《股份有限公司法》中关于损失和收益账目的两项规定的。

（2）依据西班牙法律调整的某控股公司，同时也属于依据欧盟其他国家法律调整的总公司的下属公司时，若总公司拥有其所有的子公司，或拥有子公司 90% 以上的股份且同其他小股东达成这一决议的。但无论何种情况，都必须满足以下要求：

a. 要组成集团的公司及其子公司应建立一个总公司账目，其总公司应受到另一个欧盟国家的法律调整。

b. 组成集团的西班牙公司应在其账目中注明其可以进行独立核算，其所属的集团公司的控股公司根据外国法律设立并其住所地位于国外。

c. 西班牙公司的外国控股公司应将其年度财务报告、集团管理报告和监事会报告翻译成西班牙语，存放于西班牙企业所在地的商业登记中心。

2.（依据 2003 年 12 月 30 日通过的 Ley 62/2003 号法令废除。）

第44条

1. 集团公司年度财务报告包括集团公司资产负债表、集团公司损益表、集团公司说明。所有文件置于一体。集团公司年度财务报告与集团公司管理报告置于一体。

2. 集团公司年度财务报告应根据本法典规定清晰编制。

3. 集团公司年度财务报告应依照法律规定清晰记载集团公司内的所有公司的资产和财政状况,以及企业的经营成果。若依照本法典的规定编制的报告还不足以忠实反映以上情况,还应完整准确地补充记载其他信息。

在特殊情况下,可不适用以上规定。此种情形下,在说明中应陈述未适用该原则的理由,并指出适用该规定对反映企业的财产、财政状况和经营成果的影响。

4. 集团公司年度财务报告应与总公司年度财务报告同时制定。若集团公司中某企业制作财务报表时间早于集团公司报表制作时间3个月以上,则应在制作集团公司财务报表时将该企业报表编入特别单元并注明日期。

5. 在财务报表所包含的期间内,若集团公司组成有重大变动,应在集团公司财务状况内记载相关信息,以便比较变动前后集团公司财务状况的真实情况。如遇到重大变动,应在集团公司财务报表内记载调整后的起始收支状况表,及调整后的损益表。

6. 当用某种方式制作集团公司下某一个或某些企业的年度报告不足以如实反映其财政状况时,可对其使用最适用的作账方式。同时,应在备忘录中记录原因、指明相关企业以及采用该作账方式后对企业资产、财务情况以及集团公司其他企业的影响。

7. 集团公司年度财务报告的编制应当以比塞塔（译者注）为记账单位。

（译者注：见本法典第29条"译者注"。）

8. 集团公司财务报告和管理报告应有控股公司所有管理人的签名，签名人对其真实性承担责任。

第45条

1. 集团公司财务报告的结构依据《股份公司法》的规定，但有特别规定或根据财务报告的性质应采用其他格式，或本法典第42条第7款规定的其他个人或机构除外。

2. 集团公司资产负债表应包含集团公司内所有公司的债权和债务信息，并以适当的形式单列外部股东的债权和债务。

3. 集团公司损益表应分列所实施的各项业务的收入、支出和差额，差额即为经营成果。并以适当的形式单列外部股东的收入、支出和差额。

第46条

（因与《股份公司法》的规定抵触而被废除。）

第47条

1. 当某集团公司下属的某子公司与该集团外的一家或几家公司共同管理了一家不属于该集团的公司，该公司在被其管理的公司中所占股份的百分比计入集团公司的财务报告。

2. 在将上述公司所占股份的百分比记入集团公司时,应该尽可能按照前条规定来执行。

然而,在将上述公司所占股份的百分比记入集团公司时所抵消的借贷的数额仅指由于控股公司在联合管理的公司中直接或间接所持的真实股份份额记入集团公司时而导致抵消的借贷的数额。

3. 当集团公司下属的某一子公司对不属于该集团公司的另一公司的管理具备重要影响,依照《股份公司法》的相关规定。若这一公司凭借此影响力入股该公司,应将此影响力作为一项单独的科目记入母公司的账目并同时做出正确的说明。

4. 为达前条所列的目的,应遵守以下规定:

a. 本款第3项涉及参股物的会计价值应根据《股份公司法》第七章第五节所列的评估准则来加以核算。其会计价值及参股在公司的资金及各项留存中所占比例对应的资金应在集团公司报表或账册中加以补偿,两者的差额也应在上述报表及账册中分别加以披露。补偿应在首次补偿日时点上的会计价值基础上进行。

b. 在实施过程中,与集团公司联合的企业净资产的增加或减少,将根据情况相应地增加或减少其参股集团公司的份额。

在某些合理的情况下,与集团公司联合的企业与集团公司下属企业之间的经营结果将忽略不计。

c. 与集团公司联合的企业的经营业绩，在不受前条所指的经营结果的影响下，将依据情况增加或减少其在集团公司账面上的会计价值。这里所指的"增加"或"减少"只限于参股份额所导致的效果。增加或减少的参股份额应以适当的形式记入集团公司的资产损益表。

d. 与集团公司联合的企业向集团公司下属的其他公司提供其收益时，将减少其在集团公司账面上的会计价值。

5. 当与集团公司联合的企业的参股份额对集团公司的真实账目没有产生任何实质利益时，可不适用本节规定。

第48条

除本法及《股份公司法》规定的内容外，集团公司的财务报告还应该至少包括以下内容：

1. 应包括集团公司账目上不同科目金额及变更金额时使用方法的说明。对于以外币作为记账本位币的财务报表，从开始记账起应对外币折算为比赛塔的过程加以说明。

2. 应对集团公司下属公司的名称、办公地点、子公司在集团的参股份额或是以其个人名义参股集团公司的控股公司以外的其他公司，但其使用的资金来源于集团公司子公司的个人的参股份额以及对本法典第42条中提及的集团公司存在的前提进行说明。

考虑到依据本法典第43条第2款的规定存在一些被排除在集团公司之外的企业，应该指明其被排除的原因。

3. 如有本法典第47条第3款至第5款规定的情况，应对与集团公司下属子公司相联合的公司名称及办公地点加以说明，指明集团公司下属子公司或某个以个人名义参股——参股的资金来源于与集团公司下属子公司联合的公司——的个人所拥有的资金份额。上述的说明应参照本法典第47条第5款的规定，并阐明采用该章节内容的原因。

4. 如有本法典第47条第1款至第2款规定的情况，应对所指公司的名称、办公地点、联合管理基于的因素、集团公司下属子公司或某个以个人名义参股——参股的资金来源于所指公司——的个人所拥有的股份份额做出说明。

5. 如有以下的公司：在之前的条款中没有提及、与集团公司下属的子公司没有关系、依据本法典第43条第2款第2段的规定被排除在外的公司、直接或通过某个人名义，但使用上述公司资金的个人拥有了其不低于5%的股份，应指明其股份、自有资金金额及公司最近一财政年度的结算金额（其账目应被审核通过）。当对集团公司的真实账目没有产生任何实质利益时，上述的信息可忽略不计。同样，当该公司不公布其报表以及上述公司直接或间接拥有其至少50%的资金时，无须对其自有资金数额及财政结算金额做出说明。

6. 还应该指明：集团公司报表中偿债期长于5年的负债总额，集团报表中出现的集团公司下属子公司提供实际担保的负债额，并指明负债的性质及形式。

7. 向第三方承诺的担保总额，若可预见通过担保能够完成某项义务，或其记录有益于判断评估集团公司的财政状况，则应记录于负债中。应特别说明关于养老金的现存协定，以及与不属于该联盟的集团公司之间的协议。

8. 根据《有限公司规章制度法》规定确立的集团公司的贸易净额的分配，分配应按照商业活动级别或市场地理分布划分，且这一划分能充分体现产品销售或服务或集团公司内各下属公司日常活动的显著区别。

9. 在财政年度里，应当分级别记录由集团下属公司所雇佣的员工平均数。同样，如果在损益账目中没有分开记录，还要说明该财政年度的人员开支。

符合本法典第47条第1款、第2款的公司，应将其营业过程中聘用的平均员工人数分别记录。

10. 财政年度的集团财务结果的计算与按照财会准则估价的记账项目的计算结果，因为所采用的财会标准不同而可能产生差异。当这样的计算结果对联合体下属各公司的未来的财政税会产生重大影响时，应当有相应的说明。

11. 列入联合体经营或先前财政年度经营的损益表的财政税额与这些财政年度的经营活动中已缴付或应缴付的税额之间的差异，这一差异对将来的税额会产生一定影响，该差值也可累计记入资产收支表内，以相应的项目名称单独立项。

12. 联合体内公司的管理机构人员在财政年度中，因任何原因产生的工资、伙食费以及各种报酬的金额，以及管理机构退休及现任人员的退休金、人身保险金等。这些信息整体将记入工薪报酬项下。

13. 控股公司或受控公司支付给控股公司管理机构人员的预付和信贷，并应指明利息、其基本信息以及已返还金额，并以担保项记录该预付或信贷担保的事由。本法典第

47条第1款和第3款规定的集团外的公司为受控公司管理人员提供的预付或信贷也应记入。这些信息应按类别整体记录。

14. 当用合理价值估价金融工具时,应说明:

a. 通过使用核算模型或技术确定合理值的,应记录通过作为建立核算的模型与技巧基础的主要假设。

b. 按照金融工具分类,记录合理值及其直接记录于损益表内的变化,以及通过合理值计算的记入在准备金中的项目。

c. 关于每种金融工具,要说明这些根据的范围及性质,包括能够影响金额、日期,以及未来现金流向确定性的重要条件。

d. 一张反映财政年度中通过合理值估价的准备金变动的表格。

15. 未用合理值衡量金融工具时,应注明各种金融工具的:

a. 能通过本法典第46条第9款第3段规定的方法计算合理值的,应记入金融工具的合理值。

b. 各工具的范围和性质。

第49条

1. 联合体的经营报告应如实反映业务进展及其下属公司的总体情况,并描述面临的主要风险和不确定因素。

报告应详尽中立地分析业务进展及其结果,以及联合体下属公司的状况,意识到企业的广阔性和复杂性。为使报告能充分说明业务进展、结果及公司状况，必要时不仅应在报告内体现财务状况，也应体现与公司具体活动有关的非财务性质的情况，包括环保和人事方面的信息。

在提供这一分析的同时，如有必要，联合体经营报告还应包含有关联合体账目中具体数额的补充参考及说明。

2. 此外，还应包括以下内容：

　a. 联合体下属公司在财政年度结束后发生的重大事件。

　b. 联合体下属公司可预见的发展状况。

　c. 联合体在研发方面的活动。

　d. 联合体控股公司、下属公司或以个人名义参股的第三方持有的控股公司的股票和票券的数量和面值，若无面值则应注明其账面价值。

3. 在使用金融工具方面，如报告有助于核算损失、收益、公司财政状况及结果，报告中应写明以下内容：

　a. 公司的金融风险管理目标及政策，包括采取的用来填补偿付使用了财务记账的每类重要的可预见的交易买卖的政策。

　b. 公司面临的价格风险、信贷风险、清算风险以及资金流动风险。

第四章　商事合同总则

第50条

与商事合同相关的要件、修改、例外、解释、撤销和订立人的资格，适用本法典或依据公共法总则制定的特别法的明确规定。

第51条

无论以何种形式和何种语言订立商事合同,无论合同的标的类型和数量,只要该标的的存在于民法所承认,均有效并产生合同义务,也可因此发生诉讼。价值超过1500比塞塔的标的,在无其他证据证明时,证人的证言不能作为合同成立的证明。

双方当事人事先明确认可并以文字方式明示同意采取电文方式的,则该电文形式有效。此种情况下,电文中应注明采取电文方式所依据的、通过纸质文件方式确认的约定内容。

第52条

除以下情形外,未满足规定要件的合同不产生合同义务,亦因此产生诉讼。

依据本法典或其他特别法,为达到合同的效力应省去的文字、形式或必要程序。

在国外缔结的依据外国法律对合同效力的规定而要求的文字、形式或必要程序,而西班牙法律并无相应要求。

第53条

非法的协议即便已经执行,亦不产生义务和诉讼。

第54条

要约人和承诺人处于异地的,要约人知晓承诺人做出承诺时合同视为成立,合同成立后不得恶意予以否认。此种情形下,推定要约发出地为合意达成地。

通过自动装置缔结的合同,视承诺人做出承诺时为达成合意。

(依据2002年7月12日通过的Ley 34/2002号法令修改。)

第55条

通过代理人或经纪人达成的合同,自接受其提议时成立。

第56条

商事合同中规定对不履行合同一方处以惩罚的,因对方不履行合同而受损害一方有权选择要求对方以正当方式继续履约,或选择要求处以合同载明的惩罚;不得同时选择两种方式,但合同有相反约定的除外。

第57条

缔结商事合同的双方根据约定善意履行合同,不得对口头或书面约定中词句的正常意义任意曲解。双方当事人依据其真实意愿签订合约,亦不得限制正常表述方式当然具有之效力。

第58条

双方当事人出示的两份合同文本有分歧时，若合同通过代理或经纪人执行，只要代理或经纪人的账目按照法律规定记载，即应将其账簿记载作为准据。

第59条

若产生的问题无法依据本法典第2条得到解决，应做出有利于债务人的决定。

第60条

对日、月和年的计算：每日24小时；月依据格里哥里历法（译者注）；每年365天。

期票、本票和支票以及借贷中日期的计算根据期票法、支票法和本法典的特别规定。

（译者注："格里哥里历法"即公历。）

第61条

不承认任何只出于礼貌而不规定实质权利义务的词句，但合同中注明或相关法律规定的除外。

第62条

未经双方当事人约定且本法典未明确规定履行期间的义务，若为普通事务，则一方有权要求对方在签订合同之日起10日内履行；若该项义务的履行将牵连其他事务，则对方有权要求其在签订合同的次日履行。

第 63 条

延期履行义务的，期间起始的计算依据以下规则：

双方有合意或法律有规定的，自确定的日期的次日起。

没有规定的，自债权人通过司法途径提出要求，或受损害一方向法院、公证处或其他授权机关提出确认请求之日起。

第五章 营 业 地

第一节 交 易 所

第二节 交易所的操作

第 64 条

（依据 1988 年 7 月 28 日通过的 Ley 24/1988 号法令《证券交易所法》废止。）

第 65 条

（依据 1988 年 7 月 28 日通过的 Ley 24/1988 号法令《证券交易所法》废止。）

第 66 条

（依据 1988 年 7 月 28 日通过的 Ley 24/1988 号法令《证券交易所法》废止。）

第 67 条

（依据 1988 年 7 月 28 日通过的 Ley 24/1988 号法令《证券交易所法》废止。）

第 68 条

（依据 1988 年 7 月 28 日通过的 Ley 24/1988 号法令《证券交易所法》废止。）

第 69 条

（依据 1988 年 7 月 28 日通过的 Ley 24/1988 号法令《证券交易所法》废止。）

第 70 条

（依据 1988 年 7 月 28 日通过的 Ley 24/1988 号法令《证券交易所法》废止。）

第 71 条

（依据 1988 年 7 月 28 日通过的 Ley 24/1988 号法令《证券交易所法》废止。）

第 72 条

（依据 1988 年 7 月 28 日通过的 Ley 24/1988 号法令《证券交易所法》废止。）

第 73 条

（依据 1988 年 7 月 28 日通过的 Ley 24/1988 号法令《证券交易所法》废止。）

第 74 条

（依据 1988 年 7 月 28 日通过的 Ley 24/1988 号法令《证券交易所法》废止。）

第 75 条

（依据 1988 年 7 月 28 日通过的 Ley 24/1988 号法令《证券交易所法》废止。）

第 76 条

（依据 1988 年 7 月 28 日通过的 Ley 24/1988 号法令《证券交易所法》废止。）

第 77 条

（依据 1988 年 7 月 28 日通过的 Ley 24/1988 号法令《证券交易所法》废止。）

第 78 条

（依据 1988 年 7 月 28 日通过的 Ley 24/1988 号法令《证券交易所法》废止。）

第 79 条

（依据 1988 年 7 月 28 日通过的 Ley 24/1988 号法令《证券交易所法》废止。）

第 80 条

（依据 1988 年 7 月 28 日通过的 Ley 24/1988 号法令《证券交易所法》废止。）

第三节　缔结合同的其他地点：集市、市场和商店

第 81 条

符合本法典第 65 条规定的政府和公司均可开设市场和进行商事活动的场所。

第 82 条

有关机构宣布集市营业的地点和时间，以及市场应遵循的秩序。

第 83 条

集市上的买卖合同可为一次性的，也可为分期的，但第一次交易应在缔结合同当日，至迟在 24 小时内完成。

超过时间且合同双方均未要求履行合同的，合同无效，已经支付的薪金、定金不再退还。

第 84 条

在集市达成合意且在市场出现的纠纷，标的不超过

1500比塞塔（译者注）的，由市法院法官根据集市提供的证据进行口头裁决。

超过1500比塞塔的，由诉讼人选择相关法院。

（译者注：见本法典第24条。）

第85条

对公众开放的商场、商店中的采购即意味着买主获得所购商品的相应权利。卖主违法出售的物品可能引发对自己有损害的民事或刑事责任的不在此列。

为使以上规定产生效力，推定以下市场或商店为公开：

商人有明示的。

尽管没有明示，但市场或商店连续8天面向公众营业，或在当地通过牌匾或当地报纸向公众宣传。

第86条

在商场或公开的商业场所因购买商品而支付的货币不得要求返还。

第87条

商业场所的买卖推定为一次性的，有相反证据证明的除外。

第六章　中介人及其义务

第一节　中介人的一般规定

第88条

商法所谓的中介人是指：

交易所代理人；

经纪人；

船运中介。

第89条

西班牙人和外国人无论何种阶级，仅需秉承公共良知，均可从事交易代理和居间业务。

非经商事经纪人协会代理的合同，其要件及其规定的义务依据商业法或其他普通法。

第90条

商业中心均可设置一个股票代理人协会，一个商事经纪人协会，在海运中心还可设置一个货运代理协会。

第91条

前条所涉及的三个行业协会是指由取得从业资格的人根据本法规定成立的组织。

第 92 条

行业协会应成立由成员选举产生的工会委员会。

第 93 条

行业协会的代理人根据其职权，对相应的商业中心中达成的公共事务类、生产性和商业性有价证券类、货物买卖类，以及其他商业类行为，具有公证效力。

应根据本法典第 27 条的规定进行记录，按顺序逐日记录所有其参与的经营。其他记录也应具有同样的严肃性。

账簿和单据可成为法律证据。

第 94 条

满足如下条件的人方可加入本法典第 90 条所列的行业协会：

西班牙人或外国人；

取得本法规定的商事能力；

未受荣誉刑或身体刑；

由三位商人出具的法律证明，以证明其道德及正直；

在储蓄所或其分支机构或在西班牙银行开设有账户，取得政府的担保；

得到由产业促进部颁发的，并由相关产业协会工会委员会参与意见的相关资质证书。

第 95 条

行业协会的义务：

保证其会员缔约的可靠和法定能力，保证其会员署名的合法性。

当会员不能自由管理其财产时，非经取得法律规定的应有授权，不应允许其开展业务。

准确、清晰、明确地开展业务，禁止误导承揽业务的商人。

确保实施业务相关的秘密，非因法律要求和业务性质所需而披露操作人的姓名。但可向指定的利益相关人披露操作人的姓名。

派发合同相关的证明文书，其费用由要求派发人承担。

第96条

行业协会的禁止性义务：

为协会利益进行商业活动。

为商业风险进行担保。

为已破产或处于破产程序中尚未能恢复营业的企业或个人提供资金或货物交易。

证明不属于账簿中记录所确指的事项。

行使账簿管理员的职责或任何其他商人或企业的职责。

第97条

违反前条规定者，将在工会及本人的听证下，由政府剥夺其职权。本人可以就这一决议提出行政诉讼。

此外，还将对由其失职造成的损失负民事责任。

第98条

股票代理、商业经纪人以及货运代理的担保尤其将与其职业业绩相关，在不违背法律的其他规定下，受害者拥有对担保的优先权。

即使代理亦不再行使其职权，直到本法典第946条中规定的期限结束，且期间未提出过投诉，担保才能结束。

担保只有当这些责任一并被履行时，才针对职权之外的这些责任。

若担保因其所关联的责任而被取消，或由于任何原因其实际担保额减少，代理应在20日内恢复该担保。

一旦借贷到期，债权人有权要求归还抵押物品，为此应将贷款票据、文件，以及相关抵押券或由相应登记管理部门颁发的抵押登记证明交至该二级正规市场的相关管理部门。

相关管理部门应在收到债权人请求当日，在完成审核手续后，由一位该二级正规市场的相关人员，采取必要措施归还抵押物品，若不能当日完成，则应于次日完成。

抵押人只能在贷款到期3天内，根据本节规定启动特殊审理程序。

第99条

股票代理人、商业经纪人或货运代理不能或暂停履行其职责时，应将根据本法规定制作的账簿保存于商业登记处。

第二节 交易所代理人

第 100 条
（依据 1988 年 7 月 28 日通过的 Ley 24/1988 号法令《证券交易所法》废止。）

第 101 条
（依据 1988 年 7 月 28 日通过的 Ley 24/1988 号法令《证券交易所法》废止。）

第 102 条
（依据 1988 年 7 月 28 日通过的 Ley 24/1988 号法令《证券交易所法》废止。）

第 103 条
（依据 1988 年 7 月 28 日通过的 Ley 24/1988 号法令《证券交易所法》废止。）

第 104 条
（依据 1988 年 7 月 28 日通过的 Ley 24/1988 号法令《证券交易所法》废止。）

第 105 条
（依据 1988 年 7 月 28 日通过的 Ley 24/1988 号法令

《证券交易所法》废止。)

第三节 商事经纪人协会

第 106 条

除本法典第 95 条对中介人的共同规定外,商事经纪人行业还负有如下义务:

汇票或其他背书的货币证券交易的最后转让署名的正式合法性。

买卖合同中在利益相关人要求时,协助提供或提供合同效力和支付的信用。

参与买卖时,从出票人处接收汇票或其他背书的货币证券,并交给收票人。

从收票人处接收相当于汇票或其他背书证券的价金,并交予出票人。

第 107 条

经纪人协会应将其参与的业务分别载入其卷宗中,同时标明缔约人的姓名和居住地、合同相关的材料和内容。

记载销售物品的内容应包括质量、数量、价格,及交货地点和日期、付款方式。

期票交易应注明签发地、支付地、到期日、开票人、背书人、付款人、转让人、持有人姓名,以及约定的汇率。

涉及保险单的,除保险数目和日期外,还应记载保险人和被保险人姓名、保险标的、约定的保险金额、协议的保费,同时还需载明装货地和卸货地、具体船名或采用何种方式运输。

第 108 条
在合同约定的时间内，经纪人协会应将各缔约方认可的内容制成明确的文书，署经纪人协会名后交各缔约方。

第 109 条
经各缔约方同意后签署书面合同，经纪人协会应逐条确认合同副本的准确性，并保存原本。

第 110 条
经纪人协会可在船运中介人的参与下行使船运中介人的职权，但应遵守本章下节的规定。

第 111 条
无中介人的经纪人协会应有两名工会代表参与交易所的会议，并逐日对当天的汇率变化和商品价格变化进行记录，同时将以上记录的准确无误的副本送至商业登记中心。

第四节　船运中介协会

第 112 条
货运代理除满足本法典第 94 条所列对中介代理的要求之外，须通过考试或取得社会承认的证书以证明其掌握两门现行使用的外语。

第 113 条

船运中介承担以下职责：

应要求参与制定海运合同、海运保险合同及贷款合同的签订。

帮助外国船只的船长及负责人对报关、申诉或其他法律及公共事务部门的活动进行口译。

在上述船舶的船长及负责人能力不足时，翻译需要递交至以上部门的文件，保证翻译正确并忠实原文。

在船长或负责人、船公司或船只委托人缺席时代表其出庭。

第 114 条

货运代理必须携带：

其所做翻译的原文备份档案。

记录有其进行货运代理服务的船长姓名、船只的国籍、名称、级别、载重，出发港及目的港的文件。

其参与受理的货运合同的日志，并在每条记录里说明船只名称、国籍、级别与载重、船长姓名及船公司名称、货运目的港及运费、支付运费货币，有预付金的应注明预付金额，装运内容、船公司与船长之间对船期的约定，以及装运的预定开始及结束时间。

第 115 条

货运代理应保存一份其代理的船公司及船长之间合同的副本。

第二卷

商事特别合同

第二章

國會對憲法會議

第一章 商事公司

第一节 公司的设立及其分类

第 116 条

公司合同是两人或多人为获取商业利益而共同提供财产、产业或其他物，根据本法成立公司的合同。

商事公司一经成立，以法人的名义出具文书、缔结合同。

第 117 条

满足法律要求而缔结的商事公司合同具有效力，缔约人之间承担相应义务。其形式、条件和合法诚实的组合，非为本法典明文禁止的均有效。

第 118 条

商事公司和具有商事能力的个人合法、诚实缔结的，满足前条规定的公司合同同样有效，产生同样效力。

第 119 条

商事公司在开展业务之前，应将其章程、协议和事项，依据本法典第 17 条的规定公开载入商业中心的登记书。

依据本法典第 25 条的规定，因公司初始合同的修改和变化而制定的附加文书也做相同处理。

股东之间不得制作秘密协议,所有内容都应载入股东文书。

第 120 条
前述公司中的管理人以公司的名义与公司以外的人订立合同的,承担连带责任。

第 121 条
商事公司的管理依据公司合同条款的规定,没有规定的依据本法典。

第 122 条
公司根据其设立分为:
无限公司。
两合公司或股份两合公司。
股份有限公司。
有限责任公司。

第 123 条
(依据1989年7月27日通过的第Ley19/1989号法令废除。)

第 124 条
火灾互保、唐提式(译者注)联合老年急救保险,以及其他任何相互保险公司,生产型企业、信贷企业,以及消费企业，均被认为是商事公司。在相互间从事非一般性商事行为或成为固定保费的企业时遵守本章规定。

（译者注：唐提式保险的特点是保险受益人死亡时，其保险金由仍活着的人平分，分享保险金的受益人越来越少。唐提式保险是一种寿险和赌博的混合型金融产品。）

第二节 无限公司

第 125 条

股东文书中应载明：

股东的姓名和住所。

公司名称。

股东推选的公司管理人的姓名及公司使用的签名。

各股东所出资金、信用和事务的金额，以及计算其金额的依据。

公司存续的时间。

聘请公司管理人的，管理人每年特别开支额。

股东希望记录的其他合法约定或特别事项。

第 126 条

无限公司在全体股东、部分股东或某股东的管理下开展业务，在后两种情形中，股东的名字（译者注）应包含入公司名。

非公司股东的名字不得包含入公司名。

非为公司股东，但其名字包含入公司名的，应承担连带责任。本规定不影响其应承担的刑事责任。

（译者注：不包含姓氏的名字。本章中涉及公司名称构成的规定均同。）

第 127 条
所有股东，无论是否是公司管理人，只要该业务署有公司名并由公司授权的人进行的，均应以其全部财产对以公司名义进行的或参与的业务承担个人连带责任。

第 128 条
无权署公司名的股东以公司的名义或以签署公司名而进行的业务或签订的合同，股东不承担责任。
但根据民事和刑事法规，应追究行为人的责任。

第 129 条
如若干股东未达成特别协定就无限公司的管理作出限制，所有股东均可参与和开展一般业务。股东应就公司所有的合同或责任达成一致。

第 130 条
不能签订违背任何一位股东明示意愿的合同。已签订的合同不因股东的反对而撤销，应继续生效，但签订该合同的一位或数位股东应就由此造成的后果向全体股东负责。

第 131 条
任命某股东行使管理职权后，不得反对或干扰其管理，亦不得阻碍其管理产生效果。

第 132 条

经股东合同明确授予的管理权利和使用公司签名的权利，不得予以剥夺；但恶意造成全体股东损害的，其他股东可任命一名股东为共同管理人参与公司业务，或向法院澄明造成的损害，请求终止原有股东合同。

第 133 条

无限公司的全体股东，无论系管理人与否，均有权考察公司管理状况、检查公司财务，同时根据公司章程和法律总则的规定为全体股东利益提出要求。

第 134 条

股东以自己名义，未使用与公司相联系的、与其在公司的责任相关的财产而开展的业务，属于其个人业务，可合法开展，但其盈亏风险自负。

第 135 条

股东不得以公司名义或使用公司签名为自己利益开展业务；如有开展，其应分得的公司利润中应扣除按其私自开展业务而获得的部分，并可终止其公司合同。本条的实施不影响其退还使用的资金，以及承担其行为造成的全部损失和损害。

第136条

未确定业务范围的无限公司，其股东不得未经公司同意而开展业务，该股东不得对公司决议作出反对，但能证明其结果事实上和理论上不会对公司造成损害的除外。

违反以上规定的，其业务获利归全体股东，亏损由个人承担。

第137条

确定有业务范围的无限公司，其股东可进行公司不涉及的业务，另有约定的除外。

第138条

劳动力出资的股东不得从事其他业务，但公司有明确允许的除外。否则，资金出资的股东可将其逐出公司、取消其应得利润或扣除参与本条禁止的业务的获利部分。

第139条

无限公司和两合公司的任何股东不得分解或提取共同资金中超过其可支出部分，否则可强制其补足差额部分。

第140条

公司合同中未规定每个股东的分配比例的，根据其出资比例计算。有按劳动力出资的，按照以资金出资的最小比例的股东计算。

第 141 条

公司亏损，公司合同中未作规定的，同样根据其出资比例计算，按劳动力出资的除外。

第 142 条

公司应向股东补贴其行为产生的开支和损失，但应与其行使的职责有密切和直接的关系。但因股东的过失、意外事件或与其履行职责无关的原因造成的除外。

第 143 条

任何股东不得向他人转让其在公司的利益，不得转让其在公司担任的管理职权，但经股东同意的除外。

第 144 条

某股东因恶意、滥用职权或严重疏忽造成公司利益损失的，如不能举出明示的或事实的证明以表明其行为是通过批准的，其他股东得要求其承担损失。

第三节　两合公司

第 145 条

两合公司对股东文书的规定同于无限公司。

第 146 条

两合公司在全体股东、部分股东或某股东的管理下开展业务，后两种情形中，股东的名字应包含入公司名。此类公司的公司名还应包含"两合公司"字样。

第147条

公司名中不得包含托管资本股东的名字。

托管资本股东其名字包含入公司名的，仅取得托管资本股东的权利，但应对公司以外的人承担如同管理者的责任。

第148条

所有股东，无论是否是公司管理人，均以本法典第127条规定的方式和范围承担个人的连带责任。

前节对无限公司股东权利和义务的规定同样适用于两合公司。

托管资本股东的义务和对公司债务和亏损仅以所缴付之出资额为限，但本法典第147条规定的除外。

托管资本股东不得对公司盈利进行管理，亦无担任公司管理人的资格。

第149条

本法典第144条的规定适用于两合公司。

第150条

托管资本股东，非满足成立合同或其附加内容的时间要求和规定，不得考察公司管理状况。

合同无约定时，应每年年底向托管资本股东通报公司财务收支，每不少于15日向托管资本股东通报重要情况和重要文件，以便托管资本股东对其认可和对业务的衡量。

第四节 股份两合公司

第151条

股份两合公司的全部股东以股份的形式出资，但应有股东按照本法典第127条和第137条规定的无限股东的形式承担个人责任。

第152条

《股份公司法》的规定对股份两合公司有效，但本章另有规定的除外。

第153条

公司名中应包含全体、部分或某无限股东的名字或公司目的，以及"股份两合公司"或其简写"S. Com. por A"字样。

第154条

公司章程由无限股东订立。

第155条

1. 管理人应为无限股东，享受和承担公司管理的权利和义务。新的管理人应在接受任命时满足无限股东的条件。

2. 解除管理人的应按照下条规定的方式修改公司章程。因不法原因被解职的，其有要求赔偿损失和损害的权利。

3. 管理人被解除职务后不再担任无限股东的，且该情形被载入商业登记中心的文件的，对公司的债务不再承担无限责任。

第156条
1. 股东大会可依据《股份公司法》的规定对公司章程进行修改。
2. 公司章程涉及任命新的管理人、管理制度的变化、变更营业范围或从事章程规定的营业范围以外的业务的，应取得全体无限股东的明确同意。
3. 通过解除管理人职务的决议时，面临被解职的股东不得参与表决。

第157条
两合股份公司除因《股份公司法》的规定而破产外，还可因全体无限股东的死亡、终止行为能力、无行为能力或进入破产的清算程序而破产。但在6个月内通过修改公司章程的方式，吸收新的无限股东或改变公司形式的除外。
（依据2003年7月9日通过的Ley 22/2003号法令修改。）

第158条
（依据1989年7月25日通过的Ley 19/1989号法令撤销。）

第 159 条
（依据 1989 年 7 月 25 日通过的 Ley 19/1989 号法令撤销。）

第五节　有限公司

第 160 条
（依据 2003 年 7 月 9 日通过的 Ley 22/2003 号法令修改。）

第 161 条
（依据 1989 年 7 月 25 日通过的 Ley 19/1989 号法令撤销。）

第 162 条
（依据 1989 年 7 月 25 日通过的 Ley 19/1989 号法令撤销。）

第 163 条
（依据 1989 年 7 月 25 日通过的 Ley 19/1989 号法令撤销。）

第 164 条
（依据 1989 年 7 月 25 日通过的 Ley 19/1989 号法令撤销。）

第165条

（依据1989年7月25日通过的Ley 19/1989号法令撤销。）

第166条

（依据1989年7月25日通过的Ley 19/1989号法令撤销。）

第167条

（依据1989年7月25日通过的Ley 19/1989号法令撤销。）

第168条

（依据1989年7月25日通过的Ley 19/1989号法令撤销。）

第169条

战时不得对股份公司中的外国资本采取报复性措施。

第六节 股东的权利和义务

第170条

如在约定期限内，某股东未能按照约定提供其应出的资金，则公司有权选择对其财产做出处理以补足其按约定应提供的资金额，或在该股东提出放弃的情况下废除合同，将其应提供的资金份额在董事会内筹资。

第 171 条

如股东于任何原因不能按时提供合同规定资金份额，或未在合同内注明份额，则必须缴付资金的差额部分，同时承担由此行为造成的损失。

第 172 条

如某股东应提供的资金或部分资金仍负有其他担保，则应事先在公司合同中对这一资金进行评估。若公司合同就此无规定，则应由双方同意的专业人员根据市价评估，评估应考虑到公司发展带来的增长或减损。

如在评估师之间出现分歧，则在当地同一水平的较为出色的评估师中随机选择一名，以裁断分歧。

第 173 条

除了本法典第 150 条和第 158 条中所列情况之外，商事公司的经理或领导不得拒绝股东为明确企业经营状况而检查所有证明文件和账目。

第 174 条

股东破产后该股东的债权人除接受股东在公司的获利部分和要求进行清算外，无其他权利。

前段关于股东的债权人接受公司获利和要求清算的权利对股份制公司不适用，但对于记名股份公司仍适用；虽为不记名股份公司，但公司的行为足以说明其为记名股份的亦适用。

第七节　信托公司

第175条

以下业务属信托公司的业务范围：

同政府、省市机关缔结贷款合同。

取得公共资金或各类工业企业、信托公司的股权或债务。

创立铁路、渠道、工厂、矿山、码头、仓库、照明、平地和开垦、灌溉、排水及类似公共性质的公司。

实施各类商业公司的合并和转制，并负责其发行的股票和债券。

以自己的名义管理和租用公共性质的各类建筑和服务，经政府的允许转让其签订的从事以上业务的合同。

出卖或担保从企业获得的股票、债券和有价证券，并在适宜的时候进行兑换。

为公共担保、股票或债券、纺织品、水果、农产品、农场、工厂、船只及其载货以及其他业务提供资金，开办普通储蓄信贷账户。

为其他企业或他人进行收款或支付，或代为进行业务。

接收保存各类有价证券，管理各类机构、企业或个人的来往账户。

开具和提前贴现期票或类似文件。

第 176 条

信托公司有权根据在商业登记中心登载的内容，发行与其掌握和拥有的资金等值的债券。

债券可以是记名的也可以是不记名的，定期债券的本息分期偿还不得超过 30 天。

第八节 开具和提现期票银行

第 177 条

与政府和公共机构签订提前贴现、存款、往来账户、收款、借贷、汇票合同的业务由开具和提现期票银行进行。

第 178 条

银行不得开展周期超过 90 天的业务。

无双方签名的担保，银行不得提现汇票或其他商业证券。

第 179 条

银行可开具不记名期票，但对其在交易中是否被接受并无强制规定。开具不记名期票的自由权可一直持续。西班牙国家银行依据特别法规享有该项特权时，该自由权当然取消。

第 180 条

银行应至少保留存款金额、现金往来账户和其他流通中期票涉及金额总数 1/4 的现金。

第181条
银行有义务按照向持票人递交的期票的规定支付现金。
银行不向其履行该义务的持票人提出支付的请求并经公证后，应做出有利于持票人的诉讼决定。

第182条
流通期票上的金额包括存款和往来账户，不得超过实际存款和90天内可提现的有价证券的金额。

第183条
开具和提现期票银行至少应每月于所在省的《政府公报》中公布其经营状况。

第九节 铁路公司和其他公共建筑公司

第184条
以下业务由铁路公司和其他公共建筑公司开展：
建造铁路或其他公共设施。
永久的或在规定的时间内利用上述设施。

第185条
该公司的资本以及可能获得的补贴的总和不得少于工程预算总额的一半。
公司全部资本未被完全认购及25%的资本未到位的，公司不得设立。

第 186 条

铁路公司和其他公共建筑公司可自由发行债券,仅受本法典和公司章程规定的限制。

发行债券应在该省的商业登记中心登记,涉及抵押的,还应在对应的所有权登记中心登记。

先期发行的债券在兑换息票(译者注)和偿还债券时享有优先权。

[译者注:此处原文为"cupón",根据《皇家西班牙语词典》(原文)的解释,"cupón"是国家或企业发行的债券票面的一部分,债券持有人将其剪下,于约定的时间将其交付给债券发行人以获得利息。此处译为"息票"。]

第 187 条

公共发行的债券是否可偿还由公司章程自由决定。

公司建造的铁路或其他公共工程获得国家补贴的,债券应为可偿还的。公司开展的业务获得法定的、政府的特许的,若该特许是暂时性的,该公司发行的债券应在特许期内偿还或撤销。特许期间结束时,国家可收回该工程,不受任何法律制裁。

第 188 条

铁路公司和其他公共建筑公司可出卖、转让公司相关的权利,或以其他方式进行破产。

公司的买卖或破产应:

获得股东一致同意，但公司章程对业务的更改有其他规定的除外。

获得债权人一致同意，但公司的买卖或破产不影响标的的担保和抵押的，不影响债权人权利的除外。

第189条

依前条进行的转让和破产，无需得到政府的授权，即便该工程具有公共性质。但公司获得国家直接补贴的，或获得法定的、政府的特许的除外。

第190条

依据《民事诉讼法》，铁路公司和其他公共建筑公司发行的债券的息票的兑现，以及债券的偿还，应针对公司的净收益和其他公司财产进行，不得针对铁路、公共设施及其必要的运营开支进行。

第191条

铁路公司和其他公共建筑公司在建造和利用公共设施，并偿还到期债务后剩余的资金根据公司章程开展其他业务。

利用剩余的资金开展其他业务的，不得对建造和利用公共设施、偿还到期债务产生任何影响，否则公司管理人应承担责任。

第192条

特许解除后，用以下财务对公司债权人担保：

公司净收益。

净收益不足的，公开拍卖特许解除后公共设施生产的产品。

铁路、公共设施及保证其必要的运营开支之外的公司拥有的财物。

第十节 仓储公司

第 193 条

以下业务由仓储公司进行：

仓储、保管和照看受委托的财产或货物。

向指定的人或持票人发出提单。

第 194 条

由仓储公司向指定的人或持票人发送的其照看的财产或货物的提单可议付、背书转让、非经背书而转让，或转让其他权利，其行为具有商业凭证的效力和价值。

提单应注明货物的类别及各类货物的数量。

第 195 条

提单持有人对在仓储公司存放的货物具有完全的支配权。对针对仓储人、背书人或原持票人提出的要求，持有人不承担责任，但与货物运输、入库和保管相关的除外。

第 196 条

将提单作抵押，但债务人在规定的时间没有进行支付的，债权人可要求出卖足以抵偿支付的货物，且此权利优先于除前条明确规定以外的其他权利。

第 197 条

前款所述的出卖应由仓储公司以公开拍卖方式进行，拍卖无须司法决定但应事先公告，且有当地商事经纪人行业协会介入，无商事经纪人行业协会的由公证处介入。

第 198 条

仓储公司及其保管的义务如同有偿保管中保管人的义务。

第十一节 土地信贷公司或土地信贷银行

第 199 条

以下与土地信贷相关的业务由土地信贷公司或土地信贷银行开展：
为不动产发放定期贷款。
发行债券或贷款证明。

第 200 条

贷款必须发放给以本人名义在商业登记处登记的不动产所有人，并应每年偿还。

第 201 条

西班牙贷款银行（译者注）根据《特别法》享有此特

权时，土地信贷公司或土地信贷银行不再发行不记名的债券或贷款证明。

（译者注：西班牙贷款银行，原文为"el Banco Hipotecario de España"，为某特定银行的名称，而非某类银行的统称。）

第 202 条

除了本法典第 200 条规定的抵押外，获得合法授权的公司也可向各省和村镇在授权范围内发放贷款，但其还款、利息及费用须以出租、收费、资金、附加费或特殊税收的形式加以保证。

向国家贷款不在此列。此外，向国家贷款还可以国家财产购买者开出本票形式进行。

向国家、各省和村镇的贷款，可在 5 年内归还。

第 203 条

贷款无论如何不得超出抵押不动产的价值的一半。

不动产价值评估的基础和形式依法执行。

第 204 条

息票金额及抵押贷款分期付款的金额，不应超出用于担保该贷款的不动产在 5 年内的平均年租金。贷款、用于担保的不动产的收益以及抵押的年金须一同计算。抵押证明的年金任何时候均可以低于用于贷款抵押和签发抵押证明的不动产的可变年租金。

第205条

当用于抵押的不动产贬值40%以上的，银行有权要求增加抵押物以补足减损部分，或撤销抵押合同。借方可在以上两种方式中作出选择。

第206条

不动产抵押的贷款，区域性信贷银行有权发行与贷款金额相等的抵押证明。

同时，其也有权发行特殊债券，用于向国家、各省及村镇的贷款。

第207条

前条所指的抵押证明及特殊债券可为记名或不记名形式，分期偿还或不分期偿还，期限可长可短，保费可有可无。

此项抵押证明及特殊债券有票据和保费的，若不按约履行，可根据民事诉讼法处理。

第208条

受益人为土地信贷公司或土地信贷银行的借贷、借款的特殊抵押证明和债券、其利息和保费及其他指定的费用具有特别的效力，相对于其他债权具有优先性。

为保证上述规定的特别效力，上述特殊债权相对于该公司因其他业务产生的借贷、借款在公司所有资产范围内享有优先权。

第 209 条
地区信贷银行也可以发放分期贷款，须在 5 年内还清。
此种短期贷款可不用抵押，可不发行债券或抵押证明，但所筹资金必须用于公司的基金及其相关业务。

第 210 条
地区信贷银行可接受有息或无息存款，并可在 90 天内预支其一半用于发行债券或信贷证明或任何其他发行银行需要用作担保的证券。
若不能还款，银行可以根据本法典第 323 条规定，变卖其抵押证明或证券。

第 211 条
所有的区域性相互信贷，包括业主联合会（译者注），在发行债券和信贷证明时，都必须符合本章规定。
（译者注：业主联合会，原文为"la asociación mutua de propietariose"，为多个业主为方便相互之间的信贷而成立的协会。）

第十二节　农业银行和农业公司的特别规定

第 212 条
以下业务由农业银行和农业公司（译者注）开展：
1. 在 3 年期间内对果实、收成、家畜等提供现金或种类物的抵押或担保。

2. 为便于土地所有人或农人更好地提现和兑换，为其开具期限在90日以内的支票和其他要求的票据。

3. 开垦荒地、改良地质、土地干燥及清理、发展农事等其他相关业务。

（译者注：农业银行和农业公司，原文为"Bancosy Sociedades Agrícolas"，农业银行为某类银行的统称，而非某特定银行的名称；农业公司专指从事与农业相关的金融类服务的公司。）

第213条

农业信贷公司或农业银行可在其住所地外选择代办人，代办人向申请银行或公司帮助的土地所有人或农人承担责任。在应提现或转让的期票上应有代办人的签名。

第214条

农业信贷公司及其代理人，或前条所规定的代办人向土地所有人或农人开具的期票，作出背书或转让的，持票人在到期时可向任何出票人要求直接和有效的支付。

第215条

向土地所有人或农人开具的期票可由公司保存，亦可兑换。依据民事诉讼法的规定于到期时产生对抗土地所有人或农人在期票上载明的财产权利的效力。

第 216 条

农业信贷公司及其代办人、代理人收取利息和佣金应在章程规定的范围内自由决定。

第 217 条

农业信贷公司不得开展本法典第 212 条第 2 项和第 3 项的业务。用于开展第 212 条第 2 项和第 3 项的业务的资本不得超过 50%，其余部分用于该条第 1 项的借贷业务。

第十三节 商事公司的破产和清算

第 218 条

无限公司和两合公司的公司合同可因如下原因部分废止：

股东使用共同资金或公司署名进行个人业务的。

依据公司合同规定无权管理公司的股东插手公司管理事务的。

管理人对管理和账目实施欺诈的。

不按照公司合同规定出资且不能按照要求进行合理解释的。

股东未根据本法典第 136 条、第 137 条、第 138 条规定从事个人业务的。

某股东应出资而未出资，在被要求承担其责任后仍不能为其拒绝出资给出合理解释的。

由于任何原因，一位或多位公司股东不能完成公司合同约定的义务的。

第219条

合同部分废止将导致合同中关于过错方股东的规定失效，该股东将被排除在公司之外，并由其赔偿公司相应的损失。在合同部分废止应履行的手续完成前，公司有权保留其在公司内的资金，该资金不参与分红也不承担损失。

第220条

合同部分撤销的决议未在商业登记中心登记的，如同原股东仍为公司股东，公司应对被驱逐的股东与第三人参与的以公司名义签订的合同承担责任。

第221条

各类公司因以下原因全部解散：

公司合同或规定公司目的的决议中确定的目的成就。

完全丧失财产。

宣布破产并进入清算程序。

第222条

无限公司和两合公司还因以下原因全部解散：

某无限股东死亡，且公司合同中未明确规定死亡的股东资格由其继承人行使或股份转移给尚存活的股东的。

管理人因痴呆或其他原因丧失行为能力，无法管理财产的。

某无限股东宣布破产进入清算程序。

第 223 条

商事公司成就其目的后,经默示或推定股东无意公司存续的,公司解散;股东有意公司存续的,应根据本法典第119条的规定缔结新的公司合同。

第 224 条

未规定存续时限的无限公司和两合公司,某股东提出解散公司的,其他股东不得反对,但该股东恶意提出解散的除外。

所谓恶意,即股东可通过公司的解散获得公司若存续无法获得的利益。

第 225 条

股东自愿离开公司或要求公司解散的,该股东无权阻止公司以最符合公司利益的方式结束正在进行的业务。在该业务结束前,该股东不得分割公司的财产和盈利。

第 226 条

商事公司非因其当初约定,而是因其他原因解散的,在商事登记中心登记解散前不得对抗第三人。

第 227 条

公司的清算和分割依据公司章程的规定,没有规定的依据下列诸条。但是因本法典第 221 条第 3 款规定的原因和第

222条规定解散的，其清算依据《破产法》第5章第2节的规定。

（依据2003年7月9日通过的Ley 22/2003号法令修改。）

第228条

自公司宣布清算起，管理人不得签订新的合同而其限于清算人的职权，行使公司债权、终结已经产生的债务、实施正在进行的业务。

第229条

无限公司和两合公司的股东在取得一致意见后可任命原行使管理权利的人负责清算事务。若无法达成一致意见，应及时召集股东大会根据清算的形式和程序，以及对财产的管理任命清算人。清算人可不来自于公司内部。

第230条

清算人应：

于20日内根据公司账目制定股东财务清单和公司收支账目，并告知股东。

每月通报所有股东清算的进展。

第231条

清算人在行使其职权时因欺诈或严重疏忽造成公司利益损失的，应承担责任。此规定不意味着清算人获得为股东利益实施和解或缔结调解的授权（译者注），但股东明确授权清算人具有此项职权的除外。

（译者注：关于实施和解或缔结调解，参见《西班牙民法典》第四编第十三章"和解和调解"。）

第 232 条

公司清算结束可分割公司财产时，清算人或董事会任何成员可以召集董事会进行财产分割。清算时，由清算人按照董事会的决定实施分割。

第 233 条

任何股东认为财产的分割不公，可向相关法官或法院主张其权利。

第 234 条

公司清算中涉及未成年人或无行为能力人的利益的，其父母或监护人可视情况如同管理自己事务一般代为作出或同意的事项视为有效且不得被撤销，但有欺诈或疏忽的应承担责任。

第 235 条

在公司清偿所有债务、支付各种款项前，无正当理由任何股东均不得要求转让公司待分割的财产。

第 236 条
股东应报销的个人花费，或公司应付给股东的任何其他费用应首先支付。

第 237 条
集体股东的私有财产在组建公司时不算作公司财产的，在依法索取其成为公司财产前不能用于偿付公司债务。

第 238 条
（依据 1989 年 7 月 25 日通过的 Ley 19/1989 号法令撤销。）

第二章 合资经营

第 239 条
商人可按照约定的比例向他人经营的业务中投放资本，并按照确定的比例共分收益、共担风险。

第 240 条
合资经营的设立依据当事人的口头或书面约定，无须遵循任何特别形式，本法典第 51 条规定的承认可作为合资经营存在的证据。

第 241 条

前两条所指的经营中,所有的入股者不得注册一个所有股东共有的商号,亦不得单独使用以合资经营名义取得的贷款。但由其个人承担的银行直接信贷除外。

第 242 条

与商人就其本人业务签订的合同仅对该商人本人产生效力。商人与合资经营管理人签订的合同不得对抗与合资经营管理人签订合同的第三人,但经营管理人明确放弃该权利的除外。

第 243 条

应对合资经营进行清算,并在业务终止时递交核算后的账目。

第三章　商业行纪

第一节　行纪人

第 244 条

商业行为均可通过行纪完成,委托人为商人,行纪人为中间人。

第 245 条

行纪人以自己名义或以委托人名义从事贸易活动。

第246条

行纪人以自己名义的,无须披露委托人,行纪人如同处理自己事务一样直接承担对第三人的责任,第三人不得对抗委托人,委托人亦不得对抗第三人,但行纪人与委托人有相关约定的除外。

第247条

行纪人以委托人名义的,应披露委托人,有书面合同的,应在合同中或合同签名中载明委托人的姓名和住址。

前述情形中,因行纪产生的合同和行为产生的效力及于委托人和与行纪人签订合同的人。但委托人否认委托且无法证明该委托存在的,第三人的义务不影响委托人和行纪人之间的义务与诉讼。

第248条

行纪人拒绝行使其受委托的事务的,有义务尽快通知委托人。接受委托的,应在收到委托的当日以最快方式作出确认。

行纪人拒绝行使其受委托的事务的,应对委托人的利益尽谨慎保管和保全的义务,直至委托人委派新的行纪人,无法等到委派新的行纪人的,原行纪人应申请由法官或法院行使保管和保全职责。

未履行以上两项义务的行纪人应对其造成的委托人的损失或损害承担责任。

第 249 条

行纪人开始从事委托的事务即认为接受委托，不限于前条第 2 款的规定。

第 250 条

行纪人要求提供资金，委托人不提供的或未达到行纪人要求的金额的，行纪人可不作为。

同样，行纪人已用尽为从事受委托事务所收取的费用，委托人拒绝提供新费用的，行纪人可暂停其行为。

第 251 条

规定预先支付佣金的，在委托人中止支付或破产时，行纪人有义务补贴差额。

第 252 条

行纪人非因法定原因未完成受委托事务或中途拒绝继续行为的，对其造成的委托人的损失或损害承担责任。

第 253 条

行纪人依照法律规定缔结的合同，委托人应承担所有后果，但法律规定的行纪人因过失或疏忽未完成受委托事务而承担的责任除外。

第 254 条

行纪人对依照接收到的委托人的指示而作出的行为不承担责任。

第 255 条

委托人未预见的和未明确表达的事务,若事务的性质允许,行纪人应咨询委托人的意见。

但已经获得授权或无法进行咨询,行纪人应根据商业活动的目的,如同管理自己事务一样谨慎行为。如遇无法预料的变故,行纪人认为可能对受委托的事务造成危险或损害的,可中止事务,并将变故尽快告知委托人。

第 256 条

行纪人阻碍受委托的事务成就的,对其造成的损害和损失承担责任。

行纪人恶意行为或放弃行为的,承担同样责任。

第 257 条

行纪人未完成受托事务而接受资金,其掌握的资金的风险由行纪人承担。

第 258 条

行纪人在没有委托人明示的情况下,以比市价低廉的价格或优越的条件经营的,应对由此造成的委托人损失承担责任,不得以委托人在同样情况下亦会做出同样处理为借口。

第259条
行纪人应按照法律和法规对其接受的事务的规定行为，对因违法或疏忽造成的结果承担责任。但若依委托人的指示作出的，双方均承担责任。

第260条
行纪人应经常向委托人汇报事务的进展，缔结合同的应在缔结当日或次日告知委托人。

第261条
委托人未授权行纪人可进行复委托的，行纪人不得在未获得委托人同意下进行复委托；但可根据商业习惯雇佣其信任的人操作，由行纪人承担责任。

第262条
行纪人依据委托人授权进行复委托的，如复受托人由行纪人选出，则行纪人应对其行为承担责任，反之则可以不承担责任。

第263条
行纪人应将交易所得，连同清单、详细准确的账目按照约定的时间和方式送交委托人。
延期应支付法定利息。
行纪人按照约定交付资金的，清算和提取的责任归委托人。

第264条

行纪人将资金挪于他用的,应向委托人退还资金和利息,同时自接收资金之日起承担其疏于履行委托而造成的损失和损害,同时不影响其应面临的刑事诉讼。

第265条

行纪人应对接管的财产和货物按照发货时约定的条件、状况和质量负责。能证明在其接管物品时货物与运输证明或与委托人指令的内容相比已出现故障或损坏的除外。

第266条

行纪人对其接收的商品和物品承担以接受状态保全的责任,但遇意外事故、不可抗力、延期或物品自发的腐损除外。

因延期或物品自发的腐损造成物品部分或全部灭失的,行纪人有以法定形式提供证明和通知委托人的义务。

第267条

未经委托人同意,行纪人不得为自己或他人购买受委托出卖的物品,亦不得出卖受委托买受的物品。

行纪人亦不得更改受委托买受或出卖的物品的品牌。

第 268 条

行纪人不得同时接受不同所有人的同一品种同一商标商品的行纪业务，应避免各所有人物品的商标相近而混淆其商品。

第 269 条

受委托的事务发生突然变化，为维护标的的价值须出卖货物，但来不及告知委托人的，行纪人可经法官和法院授权，小心谨慎地为维护出卖人利益出卖货物。

第 270 条

未经委托人授权，行纪人亦不得同意买受人赊欠货款或分期支付。此种情形，委托人可要求一次性付清货款，分期支付货款与行纪人的利息、利益或好处无关。

第 271 条

行纪人经必要授权，且同意分期支付货款，并在交予委托人的账目或通知中载明并附买受人的签名。否则委托人视为已付货款。

第 272 条

若行纪人在一次交易中不仅获得一般佣金还获得额外的"保证（译者注）"佣金，则收益的风险应由行纪人承担，并应向委托人保证在与买受人约定的期限内备齐物品。

（译者注：原文为"garantía"，此处直译为"保证"。）

第 273 条

行纪人对其因疏忽和延迟造成的未在指定期间完成的收款承担赔偿责任,但能证明已适当采取了合法的催款手段的除外。

第 274 条

发货的行纪人应对货物进行保险。若已提供必要的经费以支付保险费而行纪人未保险的,或有义务向委托人预告而未及时预告造成委托人无法缔结保险合同的,行纪人应对造成的损失承担责任。

若原保险人已被宣布破产,行纪人应重新缔结保险合同,但委托人另有规定的除外。

(根据 2003 年 7 月 9 日通过的 Ley 22/2003 号法令修改。)

第 275 条

行纪人受托向异地寄发货物的,应签订运输合同赋予陆运人或海运人运输义务。

以自己名义签订合同的,即便由他人付费,也应承担发货人的责任。

第 276 条

一旦行纪人受托接管货物,则委托人有义务支付佣金、预付款及行纪人所有因托管物品而产生的支出。

本义务的结果:

1. 在付给行纪人其预付款、花费及佣金前,行纪人有权不放弃接受托管的物品。

2. 同类产品的托管,行纪人较之委托人的其他债权人,享有优先付款的权利。本法典第 375 条另有规定的情况除外。

在受托人即行纪人占有托管物时,或托管物存放于公共仓库且行纪人可随时对其调遣时,或行纪人已以其名义发货并持有已确认并签名的提单或运输单据时,行纪人方享有本条规定的优先权。

第 277 条

委托人有义务支付行纪人佣金,但合同有相反规定的除外。

合同没有明确金额的,依据委托的业务和商业习惯。

第 278 条

同样地,行纪人可通过制作一个公正的账目,载明所有的费用和支出,要求委托人对其偿还费用以及自行纪人支付之日至委托人偿还之日所产生的利息。

第 279 条

委托人得随时撤销行纪合同,但应告知行纪人,并承担至行纪人知晓这一消息前作出的行为的责任。

第280条

行纪合同因行纪人或委托人的死亡或丧失能力而终止,委托人死亡或丧失能力的,合同不终止,但其代理人可撤销合同。

第二节 其他形式的商业委托、代销人、雇员和雇工

第281条

委托人可以完全支配、全权委托或部分委托的方式要求代销人完全以自己名义、以代销人名义或部分以代销人名义辅助其进行商业行为。

第282条

代销人应满足本法典规定的代销人为开展其业务应具备的要求。

第283条

所谓代销人是经生产机构或商业机构、企业的所有权人的一定授权,以所有人的名义并为所有权人计算而管理、分配此物或就此物缔结合同的人。代销人应按照本节的规定开展业务。

第284条

代销人以委托人的名义开展业务和缔结合同,在各类文件中应注明受某人、某企业之托或以某人、某企业之名义进行。

第 285 条

代销人依上条规定签订合同的，由委托人承担所有义务。

请求强制履约的，应针对委托人的财产而非代销人的财产做出，但委托人与代销人混同的除外。

第 286 条

与商店、生产性或销售性企业签订合同时，若该销售人具有可使相对人相信其代表一家知名企业或公司，则该合同视为与该企业或公司签订。该销售人在签订合同时未获得明示，或销售该物品的行为系滥用职权及未获得授权，或代销人是在委托人的指使或明确批准下进行的，合同均有效。

第 287 条

代销人以自己的名义缔结的合同，由代销人直接向第三人承担义务。但业务系为委托人计算的，第三人可向代销人或委托人提出诉讼。

第 288 条

代销人在进行业务时不得为自己计算，亦不得以自己名义或除委托人以外的其他相同业务的公司或个人的名义，但委托人有明确相反授权的除外。

若没有授权而实施以上行为的，其获利归委托人，损失由代销人承担。

委托人允许代销人以自己名义或联合他人开展业务的，

无权要求获利亦无须分担损失。

委托人与代销人共同参与某项业务的，根据约定分享获利，无约定的根据出资比例，未出资的参照劳务出资股东的方式计算。

第 289 条

代销人在开展其业务时因违反法律法规的规定应缴纳罚款的，应以其管理的财产承担，但不影响委托人追究代销人因其过失而造成罚款的权利。

第 290 条

代销人获得的授权在未明确收回前继续存在，但委托人或代销人死亡的除外。

第 291 条

代销人在得知其被依法解除资格或让渡其资格前作出的行为或签订的合同对代销人均有效。

丧失代理资格前作出的行为或签订的合同，依据本法典第 21 条第 6 款的规定对第三人依然有效。

第 292 条

委托人可长期委托代销人以外的第三人根据委托人的规定，就某一或某些运输经营通过文字或口头达成协议。第三人以委托人的名义并为委托人的利益开展业务，同时通过公开的或通知相关人员的形式将各项事宜告知委托人。

无法确定雇员的行为为委托人委托的，委托人无需对该行为承担责任。

第 293 条
前条规定同样适用于授权某个或部分委托人进行的商事业务的雇工。

第 294 条
在商店负责零售业务的雇工推定已取得其雇主的授权，以雇主的名义收取价金，其接受价金视为有效。

雇工在该商场议价和支付的批发行为同以上规定。但在商场以外接受货款的，或分期付款的，须持有雇主或其代销人签发的许可书，或根据法律规定收款。

第 295 条
商人委托其雇工接受货物，但雇工没有检验货物的数量和质量的，其接收产生与雇主本人接收相同的效力。

第 296 条
未取得委托人或雇主的同意，代销人和雇工均不得向其他人授予其从委托人或雇主处获得的授权；否则应对被授权人的行为直接承担责任，并承担与被授权人约定的义务。

第 297 条
代销人和雇工在行使其职权时因恶意、疏忽或违反雇主指示、指令而造成委托人或雇主任何损失的,应承担赔偿责任。

第298条
雇工为提供服务的需要而进行的非常规开支以及遇到的财产丢失,若在其与雇工的合同中未约定的,由雇主承担赔偿责任。

第299条
雇主和雇工、雇员间签订有期限的雇佣合同的,未经对方同意,任何一方不得在其确定的时间前提出解约。
违反本条规定的,应承担造成的损失和损害,但下列诸条另有规定的除外。

第300条
即使雇佣没有到期,雇主遇如下特别情形可提前解雇雇员:
1. 使用欺诈或滥用其获得的信任开展业务的。
2. 未明确告知雇主并取得雇主同意,为自己利益开展商业活动的。
3. 严重不尊重雇主或其家人、下属,或对其缺乏必要的关照的。

第301条
即便雇佣没有到期,雇员遇如下情形可提出解约:

1. 雇主未按期如约支付工资或薪酬。
2. 雇主未履行其他约定的福利。
3. 雇主不友好对待或严重侮辱雇员。

第 302 条
对时间没有约定的，双方均可提出解除关系，但应提前一个月通知对方。

代销人或雇工均有权获得当月月薪。

第四章　商业保管

第 303 条
商业保管须满足：
1. 保管人为商人。
2. 寄存物为商事活动的标的。
3. 保管人开展寄存的商业业务，或寄存人在开展商业业务时应实施寄存。

第 304 条
保管人有权请求报酬，但合同有相反规定的除外。

双方未就报酬金额达成一致的，依据订立合同履行地的习惯。

第 305 条

保管合同自向保管人交付保管物时成立。

第 306 条

保管人应承担保存物的义务。保管物有孳息且寄托人要求返还的，应当返还。

保管人对因其恶意和疏忽造成的保管物的减少、损失和损害承担责任。保管人应根据保管物的性质和特性采取必要措施避免和挽回保管物的减少、损失和损害，造成减少、损失和损害的应及时通知寄托人。

第 307 条

保管物为已确定货币的现金的，或封存的现金的，其价值的增减由寄存人承担。

保管以上寄存物的风险和寄存物遭受的损失由保管人承担，但能证明由不可抗力或无法避免的意外事件造成的除外。

保管物为非确定货币或未受封存的现金的，保管的义务和风险的承担依据本法典第 306 条第 2 款的规定。

第 308 条

权利、有价证券、票据和可获得利益的文件的保管，保管人应在其到期时兑现，同时应依法采取必要措施保全其价值和权利。

第309条

保管人在寄托人同意下处置保管物，无论作为私用、私人经营，抑或用于受寄托人委托的经营，双方作为寄托人和保管人的权利义务自然终止，应适用商业借贷、佣金或其他代替托管协议的法律规定。

第310条

但前列诸条中，保管物应在银行、仓储公司、信托公司或其他任何公司兑现的，依据该公司的章程、本法典和公共法中对保管的规定。

第五章　商业借贷

第一节　商业借贷

第311条

商业借贷应满足如下条件：
1. 至少合同一方为商人。
2. 借贷以从事商业活动为目的。

第312条

货币的借贷，债务人归还与所借贷等值的货币，货币应依据归还时的价值。但对归还货币的类别有约定的，货币的增值与贬值的风险由出借人承担。

权利或有价证券的借贷，债务人归还与所借贷同类同质的权利或有价证券,其已消灭的;种类物的借贷,债务人归还与所借贷种类物同质同量的物,种类物丢失的,应归还等值价金。合同另有约定的除外。

第313条
未约定归还时间但经公证的借贷,债权人不得要求债务人在公证后30日内归还。

第314条
合同中未书面约定的,为无偿借贷。

第315条
对利息的约定不受任何限制。
利息的计算应有利于债权人的利益。

第316条
债务人应在约定的时间偿还债务,否则应自偿还日起按照约定支付利息,未约定的依照法律规定。
对种类物的借贷,应以约定归还期次日的时价为依据进行估价。如进行估价时该种类物已灭失,由专家测定。
权利或有价证券的借贷推迟归还的利息计算,应以该权利或有价证券原价值为准计算,若无原价值,则应按照其法定价值。若为有价证券,则为其在股市的价值;当日无价值的,以到期次日的价值为准。

第 317 条

未偿付的已到期利息不产生新利息。但缔约双方可以将已偿付的且非终结的利息划为本金,作为本金增长产生新利息。

第 318 条

债权人收到归还的本金后,若未明确表示要求约定的利息,则视为放弃收息权利。

汇入账户的还款,若未明确表示其用途,将视为按照到期顺序首先归还利息,其次归还本金。

第 319 条

可约定不将利息归入本金以产生更多的利息。

第二节 担保的借贷

第 320 条

二级市场允许范围内的担保借贷,若该担保借贷为商事经纪人协会参与的或根据国家的书面文件进行的,亦认为为商业借贷。

根据本章规定,贷方进行抵押贷款时有权获得其他贷款人不享有的信用,除非其他贷款人同样进行抵押贷款。

第 321 条

合同的票据应反映抵押物的必要数据及附属信息,以便正确估计抵押物价值。

第 322 条

借贷到期，债权人有权索要抵押物。为此，应将贷款票据、文件，以及相关抵押券或相应登记管理部门颁发的抵押登记证明交至该二级正规市场的相关管理部门。

相关管理部门应在收到债权人请求当日，在完成审核手续后，由一位该二级正规市场的相关人员采取必要措施归还抵押物品。不能当日完成的应于次日完成。

抵押人欲启动本节规定的特殊审理程序的，需在贷款到期后的 3 日内提出。

第 323 条

本节规定同样适用于信贷机构所开具的往来账户，但账户金额应在信贷机构承认的范围内。在此情形中，除提交前条所要求的文件外还需根据《民事诉讼法》第 1435 条的规定提交相关文件，并提供该文件的证明材料。

第 324 条

根据以上规定抵押的资产，在未偿还给债权人时不能退回。同时依据法律，债权人通过表明以股权或票据作抵押的文件，可从责任人处获得不记名股权或票据。

第六章 买卖、互易、无背书的有价证券的转让

第一节 买 卖

第325条

所谓商事买卖是指,以获利为目的将获得的动产以其购买的方式或其他方式出卖。

第326条

以下不认为具有商事性质:

1. 标的物为买受人或取得人消费之用的。
2. 土地所有人、农人、牧人出卖其耕作或放牧的产品,即便其支付租金。
3. 工艺人出卖其制作的物品的。
4. 非商人转卖其为消费之用而储存,但消费后剩余的物品。

第327条

有样品的或有确定的质量标准的,买受人不得拒绝接收符合样品或约定的质量标准的种类物。

买受人拒绝接收货物的,由双方选定专家决定是否应当接收。

专家认为应当接收的,应履行合同。专家认为不应当接收的,合同撤销,同时不影响出卖人对买受人承担赔偿

责任。

第 328 条
无法观察和确定商品是否符合要求的买卖中,买受人保留检验的权利,以及商品不符合要求时撤销合同的权利。
合同中规定买受人可验证商品的(商品不符合要求时——译者注),买受人有权撤销合同。
(译者注:括号内内容为译者根据上下文添加的必要文字。)

第 329 条
出卖人于约定时间未交货的,买受人有权要求履行或撤销合同,出卖人应就延期而造成的买受人的损失承担责任。

第 330 条
合同中注明在一定时期内一定数量的交货,到期时即便出卖人承诺交付剩余部分,买受人亦可不接受部分交货;而一旦买受人接受部分交货,则视为已交货商品买卖结束。买受人只能就剩余部分要求出卖人交货或根据前条规定撤销合同。

第 331 条
货物在交付前因无法预见的事故或非出卖人的过错造成灭失或损坏的,买受人可撤销合同。但出卖人已经按照本法典第 339 条的规定将货物进行保管的,其仅承担因保管而产生的责任。

第 332 条

买受人于约定时间未接货的,出卖人有权要求买受人履行合同或撤销合同。要求履行合同的,出卖人应依法保管货物。

买受人不对标的行使权利的,出卖人亦可依法保管货物。

保管的费用由造成保管的一方承担。

第 333 条

出卖人依据买受人的规定,按时将货物送至指定的地点的,货物的损害和减损由买受人承担。但出卖人具有欺诈和疏忽的除外。

第 334 条

以下原因造成的货物的损害和减损,即便缘于意外事件,也应由出卖人承担:

商品应按照一定的数量、重量或尺寸进行买卖,或卖出物品未按照指定的商标或标识。

在明示的约定或商业买卖中,出卖人有能力事先发现并检查商品的质量问题。

合同允许直到商品达到规定条件后再交货。

第335条

因出卖人原因造成商品灭失或损坏的，出卖人应向买受人补偿损失差价。

第336条

买受人在接收货物时对货物进行检验的，不得因货物数量或质量的欠缺或瑕疵对出卖人提出诉讼。

买受人可在接收货物的4日内，对已包装的货物数量或质量的欠缺、货物本身的瑕疵和出卖人的欺诈对出卖人提出诉讼。因意外事件造成的损失除外。

此种情形下，出卖人可选择撤销合同或要求按约定履行合同，且不影响造成缺陷和过错一方应承担的责任。

出卖人在交货时明确表示对货物数量和质量满意的，买受人可因此对抗出卖人提起的诉讼。

第337条

未对交货日期予以约定的，出卖人应根据买受人的规定在合同缔结起24小时内履行合同。

第338条

交货产生的费用应由出卖人承担，直至将商品称重并量过尺寸，交予买受人。合同另有约定的除外。

在交货处接收和取货的费用由买受人承担。

第 339 条

出卖人根据买受人规定备妥货物且获得买受人认可的，以及出卖人根据本法典第 332 条规定对货物进行法定寄存的，买受人有义务按照与出卖人约定的时间和金额支付货款。

出卖人寄存货物的，应根据寄存相关法律承担照看和保管的义务。

第 340 条

买受人延期支付货款，且由出卖人掌管货物时，即便货物已经寄存，出卖人有优先于其他买受人的债权人的权利取得货物的价金。

第 341 条

买受人延迟交付货款的，应按照货款向出卖人交付利息。

第 342 条

买受人在收到货物 30 日后不得以货物内部存在瑕疵为由向出卖人提出诉讼。

第 343 条

货款的确定依据价目表和合同的约定，但合同有相反规定的除外。

商业买卖的交货中指示的货物数量应与合同约定一致，

但合同有相反规定的除外。

第 344 条
不得因当事人受到伤害而撤销合同。但合同一方通过恶意或欺诈的手段缔结或履行合同的应承担由此造成的损害和损失的赔偿责任，且不影响其刑事诉讼。

第 345 条
商事买卖合同中，出卖人承担有利于买受人的召回和因质量问题进行赔偿的义务，合同有相反规定的除外。

第二节 互 易

第 346 条
本章对买卖的规定，根据商业互易合同的内容和要件，同样适用于商业互易。

第三节 无背书有价证券的转让

第 347 条
无背书且未注明持有人的有价证券的债权人可转让其证券，无须获得债务人同意，但应告知债务人。

债务人接到通知后与新债权人发生债务关系，偿还时间依照原约定，无需重新规定偿还时间。

第 348 条
转让人对证券的合法性和受让人的资格承担责任，但不对债务人的支付能力承担责任。但有明确约定的除外。

第七章 陆路交通运输商事合同

第 349 条
各类陆路和水路运输，满足以下条件的为商事合同：
1. 运输标的为商品的。
2. 承运人为商人的，或通常情况下向公众提供交通服务的。

第 350 条
托运人和承运人应相互要求开具载明以下内容的货运单：
1. 托运人的姓名和住址。
2. 承运人的姓名和住址。
3. 收货人的姓名和住址，或收货人即为托运人。
4. 货物的特征，包括正常质量、重量、商标或外部装箱上的标记。
5. 运费。
6. 发货日期。
7. 向承运人交货的地点。
8. 向收货人交货的地点和时间。
9. 合同中有约定的，还应注明因延迟交付，托运人应承担的赔偿。

第351条

通过铁路或其他有固定价目表或固定运输期限的公司运输的，托运人只需递交注明价格、运输期限和特殊运输条件、所依据的价目表和相关规定的货运单或发货单据；若价格不确定，则承运人应根据其提供的服务以最低价计算，并在该货运单或发货单据上注明承运人的名称或商号。

第352条

客运业务的运输单或客票，有针对乘客或针对行李的，可以分别具有不同形式。但是，都应当填载托运人的指示，诸如出发日期、出发和到达地点、价格，以及行李的数量、毛重，以及便于区分行李的必要信息。

第353条

货运单是承运人和托运人之间合同的合法凭证，合同履行中的纠纷均根据货运单的记载，但记载内容中有欺诈和错误的例外。

合同履行完毕，在交付运输物时承运人应同时交付货运单，除在货运单上书面约定的权利和义务外的其他权利和义务均消灭，但本法典第336条有规定的除外。

因丢失或其他原因造成无法归还货运单的，收货人应向承运人提供收据，提供收据与返还货运单据有相同的效力。

第 354 条

无货运单的,当事人提供支持其诉讼要求的法定证据,根据本法典对商事合同的一般规定产生效力。

第 355 条

承运人的责任始于本人或中间人按照其指定的地点接受货物之时。

第 356 条

承运人可拒绝接受不适于运输的货物。铁路运输中,托运人坚持运输的,承运人应当运输,但若承运人在货运单中注明反对意见的,承运人不承担任何责任。

第 357 条

承运人对装箱单据上所列货物内容有怀疑的,可在证人以及发货人或其代理人在场时进行确认。

没有以上人员在场的,应由公证机关到场确认并开具文书证明货物性质。

货物与发货人声明一致的,查验以及重新包装的费用由承运人承担;反之,由发货人承担。

第 358 条

未事先约定运输期限的,承运人应尽快将货物本身或其替代物在指定的地点交付,否则应承担因延迟造成的损失。

第359条

托运人和承运人约定有运输路线的,非因不可抗力,承运人不得更改路线,否则承运人除按约定支付赔偿外,还应对由其他原因造成的货物损坏承担责任。

因不可抗力造成承运人增加运程的,托运人应根据承运人提供的证据增加运费。

第360条

托运人在不变更交货地点的前提下,可更改收货人。托运人在通知承运人收货人更改的同时,若承运人已签发货运单,托运人只要将货运单交还承运人以便其更改相应内容,承运人就应完成运输义务。

变更所产生的费用由托运人承担。

第361条

运输中货物的风险由托运人承担,但合同有相反约定的除外。

运输中因无法预知的情况、不可抗力、货物自身的性质和瑕疵造成的所有损失和损坏,均由托运人承担。

以上原因的举证责任由承运人承担。

第362条

承运人即便证明损坏或损失并非由于疏忽或已采取应有的预防性措施,同样应按照前条规定承担责任,但由于托运人在货运单上对货物种类和质量进行虚假填写的除外。

尽管承运人采取了本条所涉及的预防性措施，但货物因其性质或不可避免的事由存在灭失的风险，承运人来不及获得托运人指示时，根据司法机关决定或特别规定有权出卖货物。

第 363 条

除因本法典第 361 条第 2 款的规定，承运人应根据货运单的规定按接收时货物的状态完整地交付货物外，应在约定交货的时间和地点支付未交部分货物的价金。

若交货仅为运货的一部分，若能证明缺少该部分就无法使用该货物，收货人可拒绝收货。

第 364 条

本法典第 361 条所指的损坏仅减少了该货物的价值的，承运人的义务仅限于赔偿其价值的减少部分，由专家进行估价。

第 365 条

货物的减损造成货物本身无法出卖或消费的，收货人不承担接收义务，由承运人负责处理，收货人向承运人依照当天货物的价金向承运人求偿。

受损货物部分组件未受损尚处于良好状态的，收货人应分离出受损部分，受损部分根据前述规定处理，完好部分予以接受。但收货人能证明进行以上分离后货物无法使用的除外。

前述规定适用于从包装货物或灌装货物中分离的未受损部分。

第366条

收货人在接受货物后24小时内可向承运人要求对打开货物后发现的损失或损坏进行赔偿。但若根据外包装可发现的货物的损失或损坏应在接受货物时要求赔偿。

超过前述规定的时限，收货人不得因为运输货物的状况要求赔偿。

第367条

若收货人和承运人对接受货物时货物的状况产生疑问或争议，可由双方任命专家进行鉴定，仍产生争议的，由司法当局任命第三名专家，鉴定结论应书面出具。若双方当事人对专家鉴定不服或调解不成的，上述当局可将货物安全储存，由双方当事人行使相应的权利。

第368条

承运人一旦准时、完好地向收货人交付货物，收货人应根据货运单的指示接受货物；否则，收货人应对其造成的损失承担责任。

第369条

收货人不在货运单指示的住所，或拒绝支付运费和开支，或拒绝接受货物，若托运人或发货人没有要求，由法官指定一处寄存货物。承运人在不伤害第三人利益的原则下，将这批货物存入该地点。

第 370 条

确定交货时间的，承运人应根据确定的时间交货，否则承运人应向托运人或收货人支付货运单中约定的赔偿金，托运人或收货人可主张其他赔偿。

承运人未根据确定的时间交货，但货运单中未约定赔偿金的，承运人应对延迟交货造成的损失承担责任。

第 371 条

因承运人的过错造成前列诸条所述的延迟，收货人可在货物抵达目的地前书面通知承运人拒绝接受货物，损失由承运人承担。

承运人的过错造成货物丢失的，承运人应支付货物的全部价金。

未证明承运人放弃货物的，对货物因延迟交付而造成的损失或损坏的赔偿应以应交付当日当地货物的价格为限。这一规定适用于其他所有适用该赔偿的情况。

第 372 条

承运人丢失货物应承担的赔偿根据货运单中的声明确定，如托运人证明丢失的货物价值高于运单中所述或含有金属货币，承运人可不予承认。

马车、车辆、木船、帆船及其他运输工具和可进行运输的工具在进行运输时应承担有利于托运人的义务。通过火车运输的,则根据财产移交的相关法律和本法典对承运公司装货和运输方式的相关规定。

第 373 条

与其他承运人进行联运并应将货物交与收货人的承运人,将承担前承运人的责任。但托运人或收货人并非针对最后承运人的除外。

同样地,负责交货的承运人享有全程所有承运人的权利。承运人开出运输合同,或其他承运人无保留地接收了全部货物,则视为具有其行为对应产生的部分权利。

承运人在交出货物时有保留的并不减少其行为本身产生的责任。

第 374 条

收货人应在收到货物后 24 小时内向承运人支付运费和承运人的其他开支;收货人延迟交付的,承运人可要求出卖交付的货物,以补贴应收取的运费和开支。

第 375 条

承运人承担运输的费用和开支,享受其运输期间或向收货人交付货物之前产生的权利。

承运人的此项特别权利应于交付货物之后 8 日内行使,其后仅具有普通债权人的权利。

第 376 条

(依据 2003 年 7 月 9 日通过的 Ley 22/2003 号法令撤销。)

第 377 条

承运人对整个行程以及到达非指定目的地的整个过程中的疏忽造成的所有结果，按照公共管理类法律和规定承担责任，但其疏忽系由托运人对其货物的虚假声明造成的除外。

承运人根据托运人或收货人的正式指令行事的，双方共同承担责任。

第 378 条

运输行纪人应根据本法典第 36 条的规定制作特别的登记书，登记书按数量和时间顺序记载其负责的各类货物，同时按照本法典第 350 条和后列诸条中对货运单内容的规定记载各种信息。

第 379 条

签订合同后自己不承担运输，而通过合同委托某确定业务的承包人或运输行纪人运输的，自本法典第 349 条起的诸条规定同样适用。

两种情况中的任何一种，原承运人均被实际承运人所替代，其相应的责任和权利也及于实际承运人。

第八章　保险合同

（已废止）

第九章　商事担保

第 439 条
对商事合同的履行提供担保的合同均为商事担保合同，担保人可为非商人。

第 440 条
商事担保合同应书面作出，否则无效。

第 441 条
商事担保应为无偿，但合同有相反规定的除外。

第 442 条
未规定时限的有偿担保合同，其担保及于主合同履行完毕担保义务完全解除时，合同中对担保的时效有明确规定的除外。

第十章　汇票合同

（已废止）

第十一章　支付委托书、提货单、期票、支票的合同

（已废止）

第十二章　票据持有人的权利，票据的抢劫、盗窃或丢失

第一节　票据持有人的权利

第 544 条

前章所述的指示票据均可签发给持有人，自票据到期之日起应向票据持有人进行支付，仅须对其签名进行核实。

指示票据到期日的计算仅依据签发票据时的相关规定，按照本法典第 523 条规定予以限制的除外。

第 545 条

不记名票据可在交付时进行转让。善意第三人取得不记名票据且无重大责任的，可不退还该票据。但票据的合法所有人要求已剥夺该票据所有权的持有人退还票据的除外。

第546条

不记名票据持有人有在认为必要时核对票据及其存根的权利。

第二节 不记名证券和票据文件的抢劫、盗窃或丢失

第547条

以下文件属于本节所谓的票据文件：

国家或省、市合法发行的证券。

经过经纪人协会提议及政府授权的其他由国家发行的证券。

外国企业根据其本国法律发行的不记名证券。

本国机构、公司及企业根据规定发行的不记名证券。

个人发行的有足够担保的贷款。

第548条

因任何原因丢失票据的所有人，可向相关法官或法庭要求不得将本金、利息及到期或即将到期的分红转给第三人，同时不得将票据所有权转给其他人或重复发行给他人。

应由票据发行单位或个人所在地区的相关法官或法庭受理。

第549条

在丢失票据的所有人向法官或法庭提起的声明中，应注明票据的名称、性质、票面价值，如有号码也应注明，及股票编号。此外，如果可能，还应注明当事人成为票据所有人

的时间和地点、获取方式、最后一次获得利息或分红的时间和地点，以及票据丢失的背景状况。

丢失票据者在提出以上声明的同时，还应指明其在案件受理所在地区的联系地址。

第 550 条
若票据所有人只要求支付本金、利息及到期或即将到期的分红，法官或法庭在证明其合法获得票据之后，应考虑该要求，并在判决书中判令：

1. 立即在马德里政府公报（B. O. E.）上刊登该声明，若有可能也应在该省的官方简报以及当地的官方每日通报上刊登，并注明票据持有人的简明信息。

2. 应通知票据发行方的领导层，或经办的公司或个人，使其不要支付该票据或利息。

第 551 条
诉讼的申请应取得财政部的同意并符合《民事诉讼法》的规定。

第 552 条
提出丢失声明1年后无人提出异议，且在此过程中已有过两次分红，票据遗失人可向法官或法庭主张其份额内应得的利息、到期或即将到期的红利，并可以要求退还该票据可退还的资金。

第553条

取得法官或法庭授权后，票据遗失人应在收到退还的本金、利息或分红前，对可退还的年金及最后一次到期的年金金额的两倍作出必要和有效的担保。

自授权之日起2年内，若丢失声明未遭到异议，可以撤销担保。

若票据遗失人不能或不愿作出担保，可要求借方公司或个人保管到期的红利、利息，以及可退还的本金，并在2年后无异议的情况下收取保管资金。

第554条

若资金在授权后可退还，则应在作出担保后收回，或要求代为保管。

本金可退还后5年，票据遗失人可得到保管的资金。

第555条

法官或法庭对担保的偿付能力作出评价。

票据遗失人可以其国债券作为担保，并在担保期结束后收回。

第556条

若声明遗失的不是证券而是其息票，且声明未受到异议，则票据遗失人可在正式提出遗失声明后3年兑现息票价值。

第 557 条

根据以上规定支付给票据遗失人的，免除票据发行方的所有责任。任何利益受到影响的第三人只能对不合理主张权利的票据遗失人保留诉讼的权利。

第 558 条

若在票据发行方还贷前第三人持票据要求兑现，则票据发行方有权没收其票据并告知相应法官、法庭和丢失人，向其指明第三人的姓名、身份及其他背景信息，以便辨认。

自该持票第三人出现起票据遗失声明失效，直至法官或法庭作出相关判决。

第 559 条

鉴于票据遗失声明可用于防止有价证券被转让，票据遗失人可通知经纪人协会管理部门票据被抢劫、偷窃或遗失，并写明遗失票据的编号、数量，获取时间及丧失原因。

经纪人协会管理部门应在开市当天，或立即在布告栏张贴通知，在开市时即通告遗失声明，并将该声明通告全国其他经纪人协会管理部门。

票据遗失人同时应将该声明载于马德里政府公报（B. O. E.），并载于该省的官方简报及当地的官方每日通报。

第 560 条

一经发表丧失声明，对被抢劫、偷窃或遗失的证券的买卖均无效，持票人不再享有禁止再抗辩权，但持有证券的第三人、出卖人或从事出卖业务的中介人的权利除外。

第 561 条

在声明票据遭抢劫、偷窃或遗失后 9 日内，票据遗失人应向法官或法庭索要证明信函，批准对该票据的议价或转让一律无效。

若经纪人协会管理部门在 9 日内没有收到该信函，将取消遗失通告，该票据可进行转让。

第 562 条

根据本法典第 550 条和第 559 条规定，自作出通告之日起 5 年内，或根据第 561 条规定，自法官或法庭批准之日起 5 年内没有提出异议的，法官或法庭宣布被偷盗或遗失的票据无效，通知发行该票据的政府机关、公司或个人，并命令其给票据的合法拥有者重新开出票据复件。

若在 5 年内有第三人提出异议，则中断遗失声明，直至法官或法庭作出判决为止。

第 563 条

票据的复件应与原件号码相同，并注明此为复件，与原件有同样效力，适用同样的买卖条件。

复件一旦开出，原件失效，并记录于相关账簿或记录中。

第 564 条

若票据遗失人在声明中不仅主张退还本金、分红及息票，还要求不得在交易所议价或转让该票据，则应根据情况按照前几条的相应规定操作。

第 565 条

若本节中的票据遗失人是在交易所获得该票据的，并在遗失声明中附上由其经纪人开出的、载明票据明细的证明，则在向法官或法庭提出申请前，可根据本章规定直接向发行票据的单位、个人或经纪人协会管理部门申请，要求不兑现该票据并进行相应的通告。此种情形下，开出票据的单位或经纪人协会管理部门必须视为法官或法庭已经批准该遗失声明一同处理。

法官或法庭在一个月内作出不冻结票据的裁决并予以通告的，票据遗失人所作声明无效，免除发行该票据的单位、个人或经纪人协会管理部门的一切责任。

第 566 条

上述规定不适用于西班牙银行发行的票据，与西班牙银行同等级别的单位发行的同样性质的票据，以及国家发行的不记名票据。以上票据依据特别法律、法令及规定。

第十三章 可背书转让的信用证

第 567 条

出于商事业务的目的,由商人发给商人可背书转让的信用证。

第 568 条

可背书转让的信用证必须具备以下基本条件:

开给指定的人而非不确定的人。

有具体且不变的数额,或一个或多个不定的数额,但必须有指定上限。

不符合以上条件的,一律视为基本推荐信。

第 569 条

信用证申请人对受益人有支付信用证指明的最大额度内金额的义务。

不得对可背书转让的信用证出具不得转让书,即使该信用证还未被兑现。

支付人有权证明信用证受益人的身份状况。

第 570 条

信用证申请人可以取消信用证,但应通知支付人及受益人。

第 571 条
信用证支付人应立即将所欠金额偿还给申请人。
若未履行，可通过法律程序要求其按照付款所在地的即时汇率履行，并支付合法利息。

第 572 条
若信用证支付人未在与申请人商定的时间内使用该信用证，未规定使用期限的，如在欧洲，则在开出后 6 个月内，如在欧洲之外则在开出后 12 个月内，信用证失去效用和效力。

第三卷

海商法

第一章 船 舶

第 573 条

商船可以被法律承认的各种方式取得或转让所有权。取得船舶应达成书面文书,未在商业登记中心登记的转让对第三人不产生效力。

善意占有船舶满 3 年,并正常取得登记的亦取得所有权。

未满足以上要件的,占有 10 年方取得所有权。

船长不得因时效取得其指挥船舶的所有权。

第 574 条

船舶的建造人可使用设备,按照对自己最有利的方式使用材料,并在船舶建造和组装中继续采用对自身最为有利的方式。船舶公司及海员应遵守公共管理规定及法律中关于航海、海关、船舶卫生、船舶安全及其他相关内容的规定。

第 575 条

船舶出卖给非所有人的其他人的,所有权人享有估价权和赎回权,但仅享有自出卖登记和收到价款起 9 日内的使用权。

第 576 条

蒸汽机船的买卖仅限于船上配备的，为出卖人当时掌握的零件、配件、设备和机器。

战船的武器，以及船上的粮食和燃料不包含其中。

出卖人有义务至迟于买卖日期之前将船舶登记证书交付于买受人。

第 577 条

买卖正在航行的船舶的，自最后一次装货起的所有货物均归买受人，买受人同时应支付当次航行所有船员的酬金。

买卖已经抵达目的港的船舶的，所有货物均归出卖人，出卖人同时应支付当次航行所有船员的酬金，合同有相反规定的除外。

第 578 条

航行中的或位于外国港口的船舶的主人可以将船舶自由转让给西班牙人或在外国首都或港口拥有居住地的外国人，出卖的文件应提交给位于该港口的西班牙领事馆，未在领事登记中心登记的对第三人不产生效力。领事馆应立即将买卖船舶的文书副本转交船舶在港口登记和注册的商业登记中心。

转让船舶的应注明出卖人已完全或部分接收价金或仍保留该船舶的完全或部分权利。买受人为西班牙人的，应在船籍证明书中载明。

航行中的船舶买卖造成航行无法进行，抵达西班牙港口的，船长应向西班牙的相关法官和法院提起请求；抵达外国港口的，船长应向西班牙领事馆提出，没有领事馆的，向当地法官和法院提出。领事馆、法院或法官，没有领事馆、法院或法官的由当地政府实施对船舶的承认。

在该地有船舶的代理人、保险人或代表的，船舶的代理人、保险人或代表应参与船舶的定价事宜。

第 579 条

经核实船舶受到损害，无法继续航行的，依如下规则公开拍卖：

制作清单，对船体、设备、机械、设施和其他物件进行定价，以便于希望通过拍卖获利的人知晓。

船舶拍卖的通知或法令应张贴于公共场所的告示处，港口发行日报的应登载在日报上，并在法院指定的其他地点告知公众。

发布拍卖通知不得少于 20 日。

每 10 日通知一次，并计入公示期载入文件。

拍卖在指定的日期，根据有关法定买卖的公共法规定进行。

船舶在国外时的拍卖，依据这种情形的特别规定。

第 580 条

法定出卖船舶用于支付债权人债务，各债权人依据如下顺序享有优先权：

1. 公共贷款，依据有关当局的官方证明。

2. 司法程序的开支，依据法院或法官的计算。
3. 在其他港口开支的导航费、货运税和其他费用，依据负责此类计算工作的长官的必要证明。
4. 为满足和达到法官和法院裁决和认可的买卖，船舶看管人和保卫员的工资及自船舶进入港口至出卖产生的用于保管的费用。
5. 依据合同，为保管船舶设备、设施而租用的仓库的费用。
6. 最后一次航行的船长和其他船员的合理工资，根据船舶的员工名录、账目册和登记确定，并须得到当地海商部门长官的认可证明，当地没有海商部门的须得到领事、法官或法院的认可证明。
7. 船长为修理船舶而出卖载货应承担赔偿的，此出卖必须符合相关规定，并在船舶登记证中有所记载。
8. 未向最后一位出卖人偿清的货款，船舶尚未出航时建造船舶的材料和劳动力的欠款，船舶修理、设备安装、最后一次航行的粮食和燃料费用。
其合同在商事登记中心登记的权利人方可享有以上优先权；若船舶正在航行，尚未返回其登记的港口，应取得对应的授权并将其载入该船舶的登记证书中。
9. 在依法订立的合同中记载并在商业中心登记的、出发前的船体、船龙骨、船帆和辎重的估算价值；根据前一款规定及要求，船舶在航行中的附加价值；以及在货运代理记录的合同或证书中包含单据的保费。
10. 未交付于收货人的货物的损失由承运人承担，价值依据其类别决定，应由船舶承担的海损亦应由承运人承担，但均应依据司法判决或仲裁决定。

作为例外，船舶破产时没有根据《破产法》规定而行使船舶分制权的，权利的分类和衡量仍依据《破产法》的规定。

（依据 2003 年 7 月 9 日通过的 Ley 22/2003 号法令修改。）

第 581 条
若出卖的金额不足以抵偿享有某一类优先权的债权人的债务的，不足部分由享有该类优先权的债权人按比例分摊。

第 582 条
在商业登记中心规定和载明经公开拍卖的法定出让登记，意味着所有有利于债权人的权利丧失。

但自由出卖的，债权人对抗船主的权利在载入登记中心后 3 个月内有效；在航行中出卖的，至船舶返回登记港后 3 个月内有效。

第 583 条
正在航行中的航船需要船长订立本法典第 580 条第 8 款和第 9 款载明的合同的，在西班牙的应提交西班牙境内的法官或法院；未在西班牙的，应提交当地的西班牙领事；没有领事的，提交当地法官、法院或当局，同时提交本法典第 612 条所涉及的登记证明书和证明其缔约义务的文件。

（依据2003年7月9日通过的Ley 22/2003号法令修改。）

上文提到的法官、法院、领事或当局，在收到提交的合同后，应暂时在证明中注明，以便船只到达其注册港口后能在商业中心进行注册，或在船只因无法航行而出卖时能在回航前依法进行交易。

船长不履行该义务的，应对其造成的损失承担个人责任。

第584条

受到本法典第580条所规定债务制约的船舶，只要任何一位债权人提出请求，即可在任何港口，按照本法典第579条规定依法查封或出卖。但若装有载货并即将出航，则不得查封，除非是为本次出航上浆或供应给养而欠下债务。此种情况下，只要有人担保船舶可在合同规定期限内回到港口，则应解除查封；若无担保，即使是偶然事件，也应先归还债务。

因任何未包含在本法典第580条中的债务，只能在船舶注册登记的港口对其进行查封。

第585条

本法典未规定和限制的各类船舶和设施均应作为流动资产。

第二章 海商贸易参与人

第一节 船舶所有人和船主

第586条

船舶所有人和船主对船长的行为,以及船长缔结的船舶的修理、维护和采购燃料的合同承担民事责任,但须由债权人证明诉讼标的为船舶所有人和船主利益。

所谓船主,为维护船舶的人或在船舶停靠的港口代表船舶的人。

第587条

船舶所有人和船主对船长依据其职权而产生的行为对第三人造成的损失承担民事责任,但船舶所有人和船主已经放弃航行中船只及其所有附随物和货物的除外。

第588条

船长超越其职位对应的职权或船舶所有人和船主授权的范围而订立的合同,船舶所有人和船主无需承担义务。

但合同标的为船舶所有人和船主利益的除外。

第589条

两人或多人为同一船舶共有人的,推定所有共有人设立公司。

公司的运作依据多数所有权人的合意。

投票人应达到船舶共有人多数。

不超过两人的，遇到分歧依据占有较大份额的共有人的意愿。份额相同的，抽签决定。

份额最少的共有人拥有一票的权利，其他共有人根据其出资比例拥有数票的权利。

不得因船舶某位共有人的债务而扣押、查封或处理船舶，只能根据该共有人所占份额比例进行处理，并不得妨碍船舶航行。

第590条

所有出资人根据其出资份额的比例承担本法典第587条规定的船长的行为造成的后果。

出资人在公证处放弃其拥有的对应的船舶的份额的，可免除以上责任。

第591条

全部共有人有义务根据其出资比例承担船舶的修复费用以及其他的多数共有人合意的开支。

同时，适航必需的维修、设备和供应费用亦按比例承担。

第592条

由大多数共有人通过的关于船舶在离岸港口修理、装备及给养事宜的协议，少数未同意的共有人也有义务执行。但少数共有人宣布退出，并通过合法估价将其所占份额转让给其他共有人的除外。

多数共有人关于公司解散和船舶出卖的合意对少数人亦有效。

全部共有人就船舶的出卖未达成合意的，根据《民事诉讼法》的规定公开拍卖，共有人仅具有本法典第 575 条规定的估价权和赎回权。

第 593 条

原所有权人在同等条件和同等价格情况下享有签订船舶租赁合同的优先权。两人或多人在同等条件下提出租用的，份额较大的享有优先权；份额相当的，抽签决定。

第 594 条

全部共有人推选管理人作为船主代表其管理船舶。

管理人或船主的任命可因全部共有人的合意撤销。

第 595 条

船主，无论其是否是船舶共有人，抑或是惟一共有人或多个共有人推选的管理人，应具有商业才能，并载入该省商人名册。

船主代表船舶的所有权，可以自己名义或船主名义为商业利益行使具有法律效力的和非法律效力的管理。

第 596 条

船主可在任何情形下行使本法典第 609 条规定的船主的职能。

若两个或多个共有人申请成为船主，由全部所有人投票决定；票数相当的，考虑出资比例高的所有人的利益。

若出资额仍然相当，抽签决定。

第 597 条

船主选择和评判船长，以所有人的名义与其签订合同，负责维修、详细的人员配备、装备、食物和燃料的配备以及载货等适航必需的配备。

第 598 条

未取得惟一所有人的授权或多数共有人的合意，船主不得命令新的起航、承揽新的货运和为船舶投保，但任命船主的授权文书中授权船主具有该项权利的除外。

未经所有人授权签订保险合同的船主承担交付保费的附随义务，有义务向保险人支付保费。

第 599 条

船主应在每次航行后向船舶所有权人呈送账目，并保证船舶所有人存有该账目以及与船舶及其航行有关的所有信函。

第600条

船舶共有人中大部分同意船主的账目的，应根据其出资分担其开支。本规定不影响少数所有权人事后提出民事或商事诉讼。

为有效地履行支付，开支只需经大多数共有人同意即可通过，除参与表决的所有权人署名承认账目外，无须其他程序。

第601条

若产生利润，所有权人只需批准账目并签字，即可向船主索要其与入股份额相应的利润。

第602条

船长为船舶的利用而使用自己或他人财产的，船主应承担赔偿责任。

第603条

船舶起航前，船主可作出解雇船长或其他船员的决定。船主应根据合同支付薪金；合同没有明确规定的无须进行赔偿。

第604条

船长或其他船员在船舶航行中遭到解雇的，应获得截至返回雇佣地或至少截至做出辞退决定时的薪金，同时应依据本法典第636条和下列各条的规定。

第605条

雇佣是针对确定时限或特定航程的,在履行合同前不得解雇,但因严重抵抗命令、抢劫、盗窃、酗酒、恶意损害船舶或载货,明显的或可证明的疏忽除外。

第606条

为船舶所有人之一的船长,在协议无规定时按照民事诉讼法规定的形式获得专业资格的,不得被解雇,但放弃其出资的除外。

第607条

作为船舶所有人之一的船长依据全体所有人的协议明确规定指挥船舶的,非经本法典第605条的规定,不得被剥夺职权。

第608条

船舶出卖后,船主和船长签订的所有合同归于无效,相应的赔偿依据任命船长的合同。

船舶出卖后,有针对出卖人承担上述赔偿的诉讼但出卖人无力支付的,船舶可作为支付赔偿的保证。

第二节 船 长

第609条

船长和船老大应为具有本法典规定的法定素质的西班牙

人，具有根据海事或航海法律、规章或规定指挥和驾驭船舶必要的技术、能力和条件，且具备担任船长应当具有的行为能力。

若船主希望担任船长但缺乏担任船长的资格，可仅管理船舶的经济事务，推荐符合以上规章或规定要求的人管理航行事务。

第 610 条

船长具有以下职权：

1. 在船主不在时，任命船员或与船员签订（雇佣——译者注）合同。向船长提出建议的，船长在无任何人反对大副建议时不得反对大副的建议。

2. 指挥全体船员，并根据船主指示指挥船舶抵达目的港。

3. 根据合同和海商法律、法规，对不执行命令或触犯规定的人予以惩罚；审理发生在船上的刑事案件，并将罪犯送交其所知晓的即将抵达的港口的当局。

4. 在船主及其代理人不在时，根据收到的指示，秉承必要的谨慎为船舶所有人的利益签订船舶租赁合同。

5. 在无时间向船主取得指示的情况下，根据航行的需要采取必要措施保证船舶的良好配备。

6. 航海过程中的紧急状态下若无时间向船主取得指示，仅为完成航行的需要，可修理船舶的机械和附属设施，但一旦到达港口，应取得该港口的船主代理人的同意。

第611条

考虑到上条对船长义务的规定，船长未收到船主资金的，可根据以下顺序获取资金：

1. 向船舶代理人或船主代理人主张。
2. 向收货人或其利益相关人主张。
3. 向船主主张。
4. 通过最大风险贷款（译者注）为船舶取得同等金额的贷款。
5. 出卖载货以补贴维修和保证航行继续的必要开支。

采用后两种方式的应按照本法典第583条的规定和《民事诉讼法》的规定，在西班牙的，应提交给该港口设立的司法机构；在国外的，应提交西班牙领事，没有领事的，提交当地当局。

（译者注：原文为préstamo a la gruesa，源于拉丁语nauticum foenus。其在法语中的对应词汇为"pret a la grosse aventure"，本文采根据法文转译的解释"最大风险贷款"。"nauticum foenus"希腊人发明的兼具抵押贷款性质的保险方式。）

第612条

船长根据其职权承担如下义务：

1. 在起航前制作船体和船上机械、设备、设施、零件、备用品和其他附属设施的详细清单，皇家授权书或航海授权书，航行配备的人员清单及与其签订的合同，旅客名单，卫生检疫证明，证明船舶产权和自担任船长以来其承担的所有义务的登记证明，船舶租赁合同或其附件，出海港出具的货单、商品运行许可证、健康证明或专业证明。

2. 在船上配备本法。

3. 配备三本编有页码和印章的航海记录书，每本首页注明本书的页码总数，并由海事机构签字，没有海事机构的，由相关机构签字。

第一本为航海日志，每天记录航行的地理位置、风况、航向、设备状况、机器运转状况、航程、驾驶情况和其他航海事件；同时记载船舶遇到的因船体、机器、设备、设施等造成的损坏，载货遇到的损害和损失，以及弃货的目的和数量；高级官员、船员或旅客提出的重要咨询意见或重要决定。以上信息可参考船长日志及机械师的蒸汽机或其他机器的记录。

航海日志包括：航海日志（航行情况），账簿（经营状况），载货书（货物装卸），罗经柜属于第一类中的一本。

第二本为账目书，分类分条记录所有收支款项，包括收入和食品、维修、设备购置、粮食、燃料、配备和其他各类支出。此外创制一个船员清单，标明其住所、工资、薪酬和已收账款，准备直接寄往其家人。

第三本为载货书，记录所有货物的收货和交货情况，以及品名和数量，装货人和收货人的签名，装货港和卸货港，以及运费。本书同时记录旅客的姓名、来源及其行李的件数，以及获得的收入。

1. 托运人或乘客有要求的，船长在接受任务前应与高级船员和两位专家一同对船舶进行确认，保证其设施、机械和装配处于适航状态，并就此制作文书。参与确认的人应在文书上签字，并就其签字承担责任。

由船长和提出确认请求的托运人或乘客分别任命一名专家参与确认，双方对专家的任命有分歧的，由港口的海事当局重新任命一名专家。

2. 装运时必须时刻与船员一同在船上并仔细检视货物；严禁在没有对包装、搬运和隔离方法做出警告的情况下装载危险货品，如易燃物或易爆炸物等；不允许溢装货物，不使其位置、体积、重量影响船舶操作或航行；若货物性质、发货情况，尤其是发货季节，都允许适当溢装，则应听取船上高级船员的意见，并取得装运工及船主的同意。

3. 因航行需要，尤其在其必须进入船长自己及船员都不熟悉的港口、海峡、河流或支流时，可在任何情况下向沿岸索要航海资料。

4. 指导船舶进出港口、海峡、河流等，除非在执行此任务时手边没有航海资料。非因重要原因或工作需要，不可在船舶之外过夜。

5. 即便强制靠岸，也应在24小时内到西班牙当地的海事局，或境外的西班牙领事馆报到，登记船舶的名称、登记号、出发地及载货，以及靠岸原因。该登记将由海事局或领事审阅，若审阅通过，则颁发相应证书，载明其靠岸为合法以及靠岸理由。若无西班牙海事局或领事馆，则应向当地政府报告。

6. 按照本法典第583条规定，在相应管理部门监管下履行职责，并记录于该船只的商业登记表上。

7. 仔细看管在船上逝世的船员的所有文件及所属物品，由乘客作为证明人，列出它们的详细清单；若无乘客，则由船员作为证明人。

8. 根据船主的规定，调整其行为，如不遵守，则应对其行为负责。

9. 利用收到交通信号、电报及信件的时候告知船主停靠港口及停靠原因，并根据情况告知应在港口收到的货物、托运人的名称及地址、运输条件、船舶抵押贷款的数额，并告知其出发时间以及可能对船主有用的操作及信息。

10. 遵守关于航标灯和操作的规定，以避免相撞。

11. 船只遇险时，直到抢救船只完全无望，才可以弃船，并在弃船前听从船上高级船员意见，并服从大多数人的决定。若必须乘坐小船逃生，则应先携带所有账簿及记录，其次携带贵重物品。若因携带贵重物品而未抢救账目及记录，则将该物品用于赔偿。

12. 如遇海难，则应在遇难后的第一个停靠港口，于24小时内向相关管理部门或西班牙领事馆报告，并根据本条第8款规定说明海难中的所有事故。

13. 遵守航海、海关、检疫及其他方面的法律法规。

第613条

船长驾驶普通船只或海事工会（译者注）的船只出海的，不可另外进行自己的商业经营；若进行自己的商业经营，则经营所得应归于他人，而损失则由自己承担。

（译者注：海事工会，原文为"tercio"，"tercio"的原意是指位于港口的,由海员和船主等共同组成的渔业工会。)

第614条

船长非因偶然事件或不可抗力而未履行其职权的,应赔偿其造成的损失。本条规定不影响其应受到的刑事惩罚。

第615条

未经船主同意,船长不得任命另一位船长以替代自己。若船长实施前述行为,除承担替代者的全部行为的责任外,还应承担前条所述的赔偿,船主可免去船长和替代者的职务。

第616条

船舶在抵达目的港前消耗所有储存的物资和燃料的,船长可在取得高级船员一致意见后命令船舶就近靠港,以恢复物资和燃料;船舶上有人携带食物的,可强制其将食物提供给大家共同享用,但应立即或至少在到达的下一个港口补偿其损失。

第617条

船长不得为获得船舶抵押贷款而进行装载,否则该合同无效。

船长亦不得将船舶抵押贷款用于自身与该船只有关的经营,除非自己就是所有权人之一,之前未将整船进行抵押贷款，且该船也未被用于其他的用途或履行其他义务。若可以将船舶用于抵押贷款，则应明确表明其在船舶所有权中所占的份额。

船长违反本条的，可剥夺其用于经营的资产、利润，并要求其承担诉讼费，同时船主可以解雇船长。

第618条

船长因如下原因向船主承担民事责任，同时船主向缔约的第三人承担民事责任：

1. 因船长经验不足或照顾不周造成的船舶或载货的损失。构成犯罪和过失罪的，依据《刑法典》的规定。

2. 船员的窃取和偷盗行为，船长转控（译者注）船员的除外。

3. 因违反海关、警事、卫生和航海类法律、法规的规定造成的罚款、财产减少或没收。

4. 船舶上船员间的分歧或船员服务和保卫不周造成的损失和损害，但船长能证明其已行使职权避免和防止类似情形发生的除外。

5. 未正确行使其职权或未按本法典第610条和第612条的规定行使其职权的。

6. 因未按照应航行的航线航行，非因正常原因更改航线的。更改航线理由是否充分应根据该船所有高级船员会议决定，同时在船上的托运人及货运员应出席会议。

不得因为任何原因豁免此项责任。

7. 船长随意变更目的港，且本法典第612条没有规定的情形或未履行第612条的手续的。

8. 未遵守关于航标灯及施工标志的规定避免船舶碰撞的。

（译者注：原文为"repetir"，根据《皇家西班牙语词典》的解释，为"已受法律制裁的人控诉第三人"，此处译为"转控"。）

第619条

船长对载货承担的责任始于在装运港接受货物或在装货港货物越过船舷，直至在卸货港交付货物，合同另有约定的除外。

第620条

因不可抗力造成的船舶或载货的损失，船长不承担责任。合同没有约定的，船长仅对因自己的过失造成的损失承担责任。

船长不承担有关船舶修理、配备和给养的义务，以上义务应由船主承担，船长明确承认为其义务或船长以自己名义签发汇票、期票的除外。

第621条

船长未按本法典的规定或未履行本法典规定的手续而出租或出卖船舶的船体、机械、设备或设施，典押、出卖载货或船舶储存的物品，对获得的资金、利益以及支出承担责任，并赔偿造成的损失。

以欺骗的方式为自己获取利益的,应偿还所获利益并按照《刑法典》的规定承担责任。

第 622 条
航行中的船舶,船长获知出现海盗或船旗国敌国的船舶的,应立即开往安全的或中立国的港口,根据对危险形势的判断或船主、托运人的明确指示等待护航。其费用由船主或托运人承担。

第 623 条
已采取措施避免海盗但仍遭遇海盗,并反抗其掠夺船舶设施或载货的,仍被迫或必须交付设施或载货的,应将其载入船舶的载货书,并在抵达第一个港口后向有关当局证明以上事实。
能证明为不可抗力造成的,豁免其责任。

第 624 条
船长在遭遇风暴或认为其货物遇到损坏或损失的,在抵达第一个港口后的 24 小时内向有关当局作出声明,并在抵达目的港后的 24 小时内证明其遭受损坏或损失的事实,在证明该事实前不得开启舱口。
同样地,船舶遭遇海难时幸免的船长或船员应就近告知当局誓证海难的发生,并誓证采取的各项措施。
当局或在国外的西班牙领事馆通过接收幸免的船员和乘客的誓证书,并根据其他对调查该事件有价值的文件以确认航海日志和大副的记录是否属实。当局或在国外的西班牙领事馆将证明文书交付船长，并由船长将原始文书标明页码并盖章，注明页数，盖上封印以便呈交目的港的法官或法院。

船长的声明同船员、乘客一致的，具有真实性；不一致的，采信船员、乘客的声明，有证据证明船长的声明属实的除外。

第625条

船长在抵达目的港后有义务取得卫生和海关机关规定的必要的认可书，履行管理机构规定的手续，向收货人交付全部载货。有约定的，还应向船主交付船舶、器具和运费。

收货人不在的或无法提供提单的，船长不得交付载货，根据有关法官、法院或当局的指示妥善储存、保管和看护货物。

第三节 船 员

第626条

取得大副资格应：
1. 满足海事或航海法律、规定的要求。
2. 有能力胜任其担任的职务。

第627条

大副，作为船舶的第二号长官，若船长无其他约定，在船长不在、疾病或死亡时代替船长并承担船长的所有职务、义务和责任。

第 628 条

大副应确保航海图、潮汐表、反射器等适于使用，否则应对由此造成的事故承担责任。

第 629 条

大副特别地携带一本每页具有页码并盖章的日志（译者注1），首页注明本书的页码总数，并由相关当局签字。本书记载每日航程、航行方向、罗盘针的变化、航差、风向和风力、大气和海洋状况、滑轮组状况（译者注2）、航行的经度和纬度、锅炉数、蒸汽压力、机器转速等，以及遇到的事故、采取的措施、相遇的其他船舶，以及航行中遇到的所有事件和事故。

（译者注1：原文为 Cuaderno de Bitácora，航海中由大副填具的日志。）

（译者注2：原文为"el aparejo que se lleve largo"，直译应为"松开的滑轮组"。）

第 630 条

为便于航行而更改航向的，应取得大副和船长的同意。船长反对的，大副可将其合理的意见提交在场的所有高级海员。船长依然反对的，大副可在《航海日志》上书写合适的抗议，并由大副和其他高级海员署名。大副应遵从船长的命令，仅由船长对其命令承担责任。

第631条

大副对其不履行职务以及与职务不符的行为而对船舶造成的所有损害承担责任，涉及犯罪和过失罪的不免除其刑事责任。

第632条

水手长的义务包括：

1. 巡查船体和装备的安全性，负责其职权范围内的设备和设施，建议船长进行必要的修理，修复无法使用的设施、设备。
2. 保证载货处于良好状态，确保航船操控良好。
3. 保证船员的秩序和纪律以及良好的工作，请求船长做出适当的命令和指示，在必要时行使其权利。
4. 根据接收的指示向船员分配任务，监督船员认真、准确地工作。
5. 拆卸船舶时制作船舶配件和设施的清单，但船长有其他指示的除外。

有关轮机员的规定如下：

1. 担任商船的轮机员应满足法律和法规对航行配备的人员的条件，同时符合法律和法规中有关轮机长职责的禁止性规定。轮机长属于高级船员，但不得对船舶行使指挥权，不得参与与机械设备无关的事务。
2. 同一艘船舶上有两名或两名以上轮机员的，其中一名为机轮长，指挥其他轮机员和轮机工。机轮长负责机械设备、设施、器械、器具，以及燃料、润滑物等与轮机员职责相关的事务。

3. 保障机械和锅炉安全、清洁和良好运营。由于其照顾不周或经验不足，因机械设备造成事故或船舶、载货的损失的，应承担责任。涉及犯罪或过失罪的，承担刑事责任。

4. 轮机长未经船长同意，不得更换机械设备、不得修补机械设备造成的损伤、不得变化机械设备的运转参数。船长拒绝其实施以上行为的，轮机长应在其他轮机员和高级船员在场的情况下向船长呈明其合理的看法。船长仍坚持拒绝的，轮机长可提出抗议并载入《航海日志》，但应遵从船长的命令，仅由船长对其命令承担责任。

5. 轮机长已告知船长应停止运行机器的，或机器在遭遇事故时轮机长已告知船长的，机器损耗的费用应由船长承担，燃料和润滑物的相关消耗也应由船长承担。

6. 携带日志（译者注1）并将机械运转的相关资料记入其中，如锅炉数、锅炉和汽缸的蒸汽压力、电容器的容量、温度、汽缸中水的饱和度、燃料和润滑物的消耗量。并在"重要事项"一栏中注明机械、锅炉受到的损伤和腐蚀，造成损伤和腐蚀的原因以及修理的措施，记入上述日志的风向和风力、滑轮组状况（译者注2），以及船舶的航程也应记入《机械运行记录》（译者注3）。

（译者注1：原文为 Cuaderno de Bitácora，见本法典第629条"译者注1"。）

（译者注2：原文为"el aparejo que se lleve largo"，见本法典第629条"译者注2"。）

（译者注3：原文为 Cuaderno de máquinas，此处直译为

《机械运行记录》。)

第633条

水手长在船长和大副均无法或无能力行使其职权时,代行其职权、承担其责任。

第634条

船长可配备其认为合适数量的船员;在西班牙籍海员不足时可配备定居西班牙的外国海员,但不得超过全体人员总数的五分之一。在外国港口无法找到足够数量西班牙籍海员的可雇佣外国国籍海员,但应通知当地领事或海事机关。

船长与船员、其他航行配备的人员和本法典第612条规定的人缔结的合同应记入船舶的账目书,无需公证处或公证人介入,但应有审批人的签名和西班牙海事当局的印章。对方当事人在西班牙没有住所的,应由西班牙领事或领事官员的签章。应确定每位缔约人的所有权利和义务,上述机构应关注明确规定了的各项权利和义务,不会产生异议和争辩。

船长在缔约时应向对方当事人朗读本法典的相关条款,并在文件中注明其已宣读。

应按照本法典第612条的规定填写账目书,且不得为将来更改金额留出空间,填写的内容作为船长、船员之间就合同内容和付款数额发生纠纷时的评判依据。

每位船员可要求船长提供一份由船长署名的合同副本及薪酬清单的副本,该副本记录有船员的经济状况。

第 635 条

海员与某船舶签订劳务合同后,未经法定原因不得被解除职务,亦不得放弃履行其职权。

亦不得未经已经与之缔约的船长的书面同意,向另一艘船舶提供劳务。

未经同意,与另一艘船舶签订合同的,后来签订的合同无效,原船舶船长可要求其继续履行原合同或向另一艘船舶要求补偿。

此外,为维护原船舶方的利益,海员丧失在原船舶上担任职务的工资。

船长知晓船员与另一艘船舶有工作合同,且在该船员不具有前几款所列许可的情况下雇佣该船员的,在该船员无力做出本条第 3 款规定的赔偿时,船长应承担赔偿。

第 636 条

未约定合同期限的,在船舶结束往返航程,或回到登记港口前,船长不得辞退船员。

第 637 条

船长在合同约定期限内非因合法原因不得解雇员工,所谓合法原因:

1. 从事扰乱船舶秩序的犯罪活动。
2. 不服从命令和纪律、不完成其工作的过失。
3. 屡次在工作中出现不称职或疏忽大意的。
4. 酗酒。

5. 发生任何事件造成船员无法实施其工作的，但本法典第 644 条有规定的除外。

6. 逃逸。

但是，在起航前船长可不依任何理由拒绝已经签订合同船员随船航行，但应向其交付与其随船航行相同的酬金。

船长因谨慎行事而必须维护船舶所有人利益或更好地行使其职权而做出前条所述行为的，由船舶所有人做出赔偿，否则由船长赔偿。

在起航后的整个航程，无论在港口或是在海上，船长均不得抛弃船员。但船员触犯刑法的（译者注），船长有义务在抵达的第一个港口将该船员交给监狱或有关当局。

（译者注：原文为"reo de algún delito"，直译为"触犯某项罪行的罪犯"，按照 1876 年《西班牙宪法》，以及当时的西班牙刑法及刑事诉讼法的规定，犯罪嫌疑人经审判机关宣判后方可作为罪犯，因此此处译为"船员触犯刑法"。参见《西班牙宪法典》，中国政法大学出版社 2006 年版；《西班牙刑法典》，中国政法大学出版社 2004 年版。）

第 638 条

与船员签订雇佣合同后，因船主、托运人的意愿取消航行或驶向与合同约定不符的其他目的港的，无论船舶是否起航，依据如下情形赔偿撤销合同的损失：

1. 在船舶出海前撤销合同的，向每位签订雇佣合同的船员赔偿其一个月的工资，同时支付自提供劳务到合同撤销之日的工资。

2. 在航程中增加一段航程的，应按照《民事诉讼法》的规定，根据专家的意见，支付增加航程所需时间的工资和津贴；因减少航程而使航行日期约一个月的，应补偿 15 日收入的损失，并在原合同约定的金额中扣除。

3. 船员根据航海里程计算工资的，若在船舶出海后撤销雇佣合同，船员应获得视同整个航程结束的全部工资；按月计算工资的，应按照从装船至到达目的港结束航程所必要的全部时间计算；船长还应支付船员回到出发港口的路费，或该船回港的费用。

4. 船长或托运人改变目的港且未获得船员同意的，船长或托运人应承担与原合同规定相比的损失的一半，同时支付自航程改变之日起的工资。

同意航程增加或其他情况变化的船员可提出增加报酬，对增加的报酬产生分歧的，应通过友好协商人的协商。即便航程仅限于相邻的港口之间，亦不得减少约定的工资。

托运人或船长提出取消或改变航程的，船主有权向托运人或船长提出赔偿其正当损失的权利。

第 639 条

非因船长和托运人的原因造成航行取消，且船舶尚未起航的，船员仅有权要求支付截至航行取消之日的工资。

第 640 条

以下为航行取消的正当原因：

1. 船舶将到达的港口宣战或禁商。

2. 合同签订后，目的港遭到封锁或瘟疫。
3. 目的港禁止接收船舶搭载的货物。
4. 因政府命令或船主意愿以外的原因，船舶遭到扣留或查封。
5. 船舶无法航行。

第641条

航行中的船舶发生前条规定的前三种情形的，船长将船舶停靠于适于船舶和载货的港口的，应根据船员工作的时间支付工资；船舶继续航行的，船长和船员均可相互要求继续履行合同。

由于第四种情形造成船舶整月无法航行的，应按照约定酬金的一半支付船员工资；若超过3个月无法航行的，应解除与船员的雇佣合同，应根据合同支付整个航程应支付的工资。协议继续部分航程的，应视情况履行合同。

在第五种情形中，船员仅有权要求支付已经付出劳务的工资。因船长、轮机员或大副的照顾不周或缺乏经验造成船舶无法行驶的，应向船员补偿其受到的损失，此外还应承担造成后果的刑事责任。

第642条

若航行取消、延误或航程增加，签订合同的船员除向该事项的责任人要求其应赔偿的部分，无权要求其他赔偿。

第 643 条

因俘获或海难造成船舶和载货全部灭失的，诸如船员要求工资、船主要求收回事先支出等所有的权利均消灭。

船舶及载货部分获救的，包括船长在内的船员得向获救的部分主张权利，诸如向获救载货主张运费等的其他权利亦保留；签订合同的船员无权对救援方主张权利，只能对被救方主张权利。船员为搜集遇难船舶遗骸付出努力的，应根据付出的努力和搜集时遇到的风险，按比例支付酬金。

第 644 条

海员非因自己过错而患病的，应向其支付整个航行的工资。船舶所有权人应承担其治疗、看护和康复的费用。

为船舶提供劳务或护卫而受伤造成慢性病的，船舶所有权人应承担其治疗、看护的费用。船舶的收入应首先用作治疗、看护的开支。

第 645 条

船员在航行中死亡的，根据与船方签订的合同和死亡的原因向其继承人支付：

若自然死亡且已确定工资的，支付至死亡之日的工资。

若合同按照航次规定工资，船员在去程中逝世的，应获得规定工资的一半；在回程中逝世的，应获得全部工资。

船员在出航后逝世，则应将其工资全额缴给其财产继承人；船员在出航前逝世的，其财产继承人无权要求其工资。

因保卫船舶而牺牲的船员应认为参与整个航程，按照同等级的船员的收入向其继承人支付整个航程的工资和全部受益。

被捕的船员同样享受其他船员获得的福利；但因其疏忽大意或非因职务相关的原因被捕的，仅获得截至被捕之日的工资。

第646条

通过船舶及其机器、设备、配件和运费承担船员或航行的报酬义务的，应在出航间隙，对其进行清算和支付。

前条所述的权利人在船舶缔结新的出航相关的合同后，不再享有优先权。

第647条

发生如下情形，高级船员和船员不受其已签订的合同的束缚：

1. 起航前船长试图改变航程的，或目的港所在国卷入海战的。
2. 目的港发生或宣布发生瘟疫的。
3. 船舶变更所有权人的。

第648条

所谓航行配备的人员，包括从船长到见习水手在内的所有船上的领导、操作和服务人员。大副、机轮员、司炉和其他船舶上的特定岗位的船员属于航行配备的人员，但不包括乘客和船舶运输的其他人员。

第四节 货运员

第 649 条

货运员经船长或托运人授权在船上行使对货物的管理职权，按照船长的账目书的规定制作记录其业务的书卷，在其授权范围内视船长为船舶的长官。

货运员经法定授权行使管理职权的，船长此方面的职责和义务随之取消，但与船长权利和职权不可分割的管理继续有效。

第 650 条

本法典第二卷第三章第二节有关代销人资格、合同的行使以及代销人的义务的规定同样适用于货运员。

第 651 条

货运员未经明确授权或约定，不得在航行中为自己获利而开展商业活动，但在处理完与船舶的相关业务后，依据所在港口的惯例针对小商品（译者注）进行的商业行为除外。

返航时亦不得购买小商品（同本条前款译者注）以外的商品，有明确授权的除外。

［译者注：原文为 pacotilla，《新西汉词典》（商务印书馆 1982 年版）解释为"船员、旅客等可以携带的免收运费的商品"。此处译为"小商品"。］

第三章　海商特别合同

第一节　船舶租用合同

一、船舶租用合同的形式和效力

第 652 条

船舶租用单一式两份并有当事人签名，当事人之一不会或不能签名时，应请求两名当事人代签。

船舶租用单除双方自由确定的其他条款外，还应包含如下内容：

1. 船舶类型、名称和吨位。
2. 船旗国和登记港口。
3. 船长的姓名和住所。
4. 由船主签订合同的，船主的姓名和住所。
5. 托运人的姓名和住所。托运人委托他人签订合同的，代理人的姓名和住所。
6. 装运港和卸货港。
7. 载货的容积和重量，双方的责任。采用整船租赁的应注明整船租赁。
8. 应支付的运费，注明按航次、时间、占用空间、重量或其他约定的方式确定的收费金额。
9. 应支付给船长的酬金。
10. 约定的装船和卸货的期限。

11. 滞期费及双方应分担的金额。

第 653 条
在接受载货时未签订船舶租用单的,依据提单的规定认定合同的签订和船主、船长与托运人的权利和义务。

第 654 条
由船舶中介参与签订船舶租用单的,船舶中介通过证实其在场而证明合同缔结方签名真实性的,船舶租用单具有完全的法律证明效力。出现不一致的,以与经纪人依法保存的租用单一致的单据为准。
即便没有船舶中介参与签订船舶租用单,但当事人承认其在租用单上签名的,船舶租用单仍具有效力。
未经船舶中介而签订的船舶租用单,且当事人不承认其在租用单上签名的,当事人之间的分歧依提单的规定;无法依据提单的,由当事人提供证据证明。

第 655 条
船舶租赁合同为船长未经船主认可而签订的,即便船长违背船主的命令和指示,仍产生效力。但船长可要求船长偿还造成的损失。

第 656 条
船舶租赁单未注明装货和卸货的期限的,依据装货港和卸货港的习惯。超过规定期限或习惯期限,且船舶租赁合同未明确规定因延误而造成的损失赔偿的,船长有权要求支付装货、卸货延误而产生的滞留费。

第657条

若船舶在起航后无法继续航行,船长有租赁其他适航的船舶接受载货并运送至目的港并承担费用的义务。船长应在停靠港以及附近150公里范围内的其他港口寻找船舶。

托运人在向船长提出及时寻找船舶装载其货物至目的港的要求后,若船长因懈怠或恶意不寻找船舶的,可签订船舶租赁合同,并向司法当局申请通过简易审判程序判定其签订的合同有效。

司法当局应强制船长本人负责实现托运人委托的货物运输。

若船长通过努力尚未寻找到合适的船舶的,应将货物进行储存以便托运人处置。根据已经航行和距离计算应支付的运费,但不影响其要求对造成损失索赔的权利。

第658条

运费的计算依据合同的规定,合同无规定或规定不明确的,依据如下规则确定:

1. 依据月数或日数计算,自装货之日起计算。
2. 若船舶租赁合同于确定的时间签订的,自签订合同之日起计算。
3. 按重量计算运费的,依据载货的毛重,包括诸如木桶一类的包装物或其他须随载货一同运输的物品。

第 659 条

船长在必要的或重要且紧急情形下出卖载货对船体、船舶的机器或配件进行修理的，出卖的物品算作运费。

出卖物品的价格应考虑已运送的因素：

1. 船舶到达目的港的，船长应根据目的港同类物品的价格确定。
2. 船舶坏损的，应根据购买该载货所需的费用。

同样地，船舶抵达目的港的，收取全程的运费；未抵达目的港的按已航行路程的比例计算运费。

第 660 条

因挽救共同利益而抛弃的载货不得计入运费，但可作为共同海损，同时按已航行路程的比例计算运费。

第 661 条

因海难、搁浅、海盗或敌人捕获而造成的载货的损失不计算运费。

已先期收取运费的，应退还载货丢失抵偿的部分，合同另有约定的除外。

第 662 条

为挽救船舶或载货的，或因海难中的救助行为而发生的载货减损，按已航行路程的比例支付运费。

第663条
因载货本身的瑕疵、质量问题或偶然原因造成损害或减少的，收取全部运费或依据合同约定。

第664条
载货的重量和体积的自然增加归货主，运费根据确定该载货的合同计算。

第665条
因载货而产生的，由托运人支付运费，以及支付应承担的开支、履行应承担的义务、支付应承担的共同海损部分，但船长不得因怀疑托运人拒不履行义务而延期卸货。
船长有理由怀疑托运人拒不履行义务的，应申请法官或法院同意储存货物直至托运人完全履行义务。

第666条
船长有申请出卖托运人部分载货以支付托运人应支付的运费、开支或海损的权利，出卖载货尚不足以支付以上费用的，船长保留托运人支付剩余金额的权利。

第667条
托运人有于20日内优先履行运费和开支的义务，自载货交付储存之日起计算。20日内，可请求出卖货物，即便有其他债权人或此间托运人或其代理人破产。
货物已转交第三人的，前条规定无效，但第三人具有恶意的除外。

第 668 条

若收货人不在当地或拒绝接货,船长可申请法官或法院储存货物或出卖部分货物以支付应收取的运费和其他开支。

保管人亦可根据货物情况或其他原因出卖储存的货物,以补贴其因承担货物减损风险以及保管、看护的开支应收取的费用。

二、出租人的权利和义务

第 669 条

出租人或船长应按照租船合同的规定或船舶登记书中的明确规定接受货物。合同约定的或登记书中的登记与实际可有 2% 的误差。

出租人或船长签订的合同超过船舶的载货量,不能履行合同的,应根据不同情形向对应的托运人赔偿因此造成的损失:

托运人租赁整船,出租人或船长对船舶的载货量发生错误或进行欺骗,托运人有权撤销合同但没有撤销的,按约定量和实际量的比例减少运费,同时赔偿因此造成的损失。

多个托运人租赁船舶,船舶的载货量无法满足与所有托运人签订的合同,且所有托运人均不撤销合同的,已经装载货物的具有优先权,其余的根据合同签订的日期顺序装船。

无法分清先后顺序的,可协商按照合同约定的载货的重量、体积按比例装运。同时赔偿因此造成的损失。出租人有承担其损害或损失的义务。

第 670 条

装载货物不到应装数量五分之三,且运费已经确定的,出租人可寻找相同航线的其他船舶替代合同约定的船舶,转船的费用和可能出现的运费的增加由出租人承担。无合适的替代船的,则可寻找合适的时机出航,若无合适时机且合同无约定的,应在开始装船后 15 日内出航。

第 671 条

已经装载货物达五分之三的,未经托运人或所有权人同意,出租人不得用其他船舶替代合同约定的船舶,否则应对未经同意装运上替代船舶的货物在航运途中遭受的一切损害负责。

第 672 条

托运人租赁整个船舶的,船长不得未经托运人同意接受第三人的货物;船长接受的,托运人可要求船长清除他人货物或赔偿因此造成的损失。

第 673 条

经过公证的合同约定应在合适时机出航的,船长以此约定故意延迟出航时间的,承运人应承担托运人的一切损失。

第 674 条

托运人向船舶装载超过合同约定的货物的，船长可接受货物并将其置于良好状况，并根据合同约定的价格收取超出部分货物的运费，但不得损害其他托运人的利益。无法将多余货物置于良好状况的，船长可进行抛弃或卸载，卸载的费用由货物的所有权人承担。

同样的，托运人未经船长同意而悄悄带上船舶的货物，船长可于出港前将其抛弃或同意运输并置于良好状况。运输该货物的，船长可合理地要求比该航程约定的运费更高的运费。

第 675 条

租赁船舶在另一个港口接收货物的，船长应向合同约定的发货人要求发送货物。无法交货的，船长应通知托运人，等候其指示。约定的滞期费和港口收取的其他费用由托运人承担，但合同另有约定的除外。

船长在必要的时间内未收到回复的指示的，应努力寻找货物；滞留期满后船长应作出声明，并返回船舶租赁合同缔结地的港口。

托运人应按照船舶在去程和回程运输其他货物而获得的运费支付全程的运费。

租赁船舶往返航行，在返程时不载货的亦应同样处理。

第 676 条

船长在出海港签署确认书，但未按确认书的指示航行和接收货物的,一经证明属实,不得收取运费,并向托运人承担赔偿。

第677条

航行中宣战或发生封锁的,船长在接收到托运人指示前合同继续有效。遭遇此种情形,船长应将船舶驶向最近的中立港或安全港,要求并等候托运人的指示。停留期间的开支和船员的工资作为共同海损计算。

托运人指示在停靠的海港卸货的,应按去程计算运费。

第678条

法官或法院认为经过合理的时间后,船长尚未接收到托运人指示的,可向法官或法院申请储存货物,并有权通过出卖部分货物获得运费和延迟期间的开支。

三、托运人的义务

第679条

整船租赁的托运人可选择放弃全部或部分舱位。托运人已全额支付运费但尚未完成装载的,船主不得拒绝其他托运人在与原托运人要求的相同条件下的运货要求。但应遵循下条的规定。

第680条

若托运人未能装载应装运的所有货物,未装运的部分也应同样支付运费,除非船长用其他货物补缺。船长用其他货物补缺仍有差额的,应由第一位托运人支付差额部分。

第 681 条
若托运人在船长不知情的情况下装载了不同于运输合同标的的货物,并因此造成没收、查封、追究或其他损害,托运人将以其载货及其财产承担所有由此引起的赔偿责任。

第 682 条
若出于不合法商业目的、在承运人或船长的许可下装运货物,承运人、船长及货主应对由此对其他托运人造成的损失负责。即使合同有约定,亦不得向托运人就船舶损伤索要赔偿。

第 683 条
为维修船壳、机器或船帆而需强制靠港的,托运人有耐心等待的义务,其间也可将货物从船上卸下。

为避免船上载货受到损害,托运人、法院、领事或外国的管理机构可将货物卸下,但卸货及重新装货的费用应由要求卸货一方负责。

第 684 条
若未发生前条所述的不可抗力,托运人希望在到达目的港前卸货的,应承担全程运费以及应其要求靠港的费用。给其他托运人造成损失的,还应赔偿此损失。

第685条

其他海上运输中，托运人可在开船前卸下其货物，但需支付运费的一半、装卸费用及承担由此给其他托运人造成的任何损失。

第686条

卸货完成后货物交与收货人，则收货人应立即向船长支付运费及该运输产生的其他费用。

支付给船长的酬金（译者注）应比照运费与运费同时付清，船长酬金的更改参照运费增减的有关规定。

（译者注：支付给船长的酬金，原文为"capa"，具有小费性质，列于运费之外。该酬金虽非强制性，但根据风俗习惯为当然支付的费用。）

第687条

托运人不得为减少运费及其他费用，放弃因自身问题或巧合而损坏的货物。

若载货为液体，已经溢出且不及储存其容积的四分之一的，可放弃。

四、船舶租赁合同的全部或部分撤销

第688条

托运人可申请撤销租船合同的情形：
1. 在装船前撤销的，交付约定船费的一半。
2. 未根据约定准备好舱位，或订舱有误。

3. 未按照合同中约定的托运人指示的时间和方式安置船舶。

4. 若已出航船舶因海盗、敌军或天气原因必须返回出发港，且托运人同意卸货。

第二种和第三种情形中，出租人应承担承租人因此造成的损失。

第四种情形中，出租人有权请求出航的全部船费。

第689条

出租人可申请撤销租船合同：

1. 托运人于滞留期满后尚未交付货物的。

此种情形，托运人应按照合同的约定交付一半的运费以及产生的滞留费。

2. 出租人于托运人开始装货前出卖船舶的，买受人负责运输。

此种情形，出租人应向托运人支付因出卖船舶而给其造成的损失。

出卖人在出卖船舶时未向买受人告知运输合同的，若继续履行运输合同，买受人不承担运输的费用，由出卖人向买受人补偿。

第690条

船舶在起航前发生如下情况的，船舶租赁合同以及因此产生的诉讼撤销：

1. 船舶应停靠的港口已宣战或禁商。

2. 港口封锁或发生瘟疫。
3. 目的地港口禁止接受载货。
4. 根据国家的命令或其他非船长的意愿的原因造成的无期限的扣押船舶。
5. 非因船长或船主的过错造成船舶无法航行。

卸货的费用由托运人承担。

第691条

因出海港关闭或其他航行的原因造成船舶无法起航的,船舶租赁合同继续有效,当事人不得提出索赔要求。

船员的给养和工资算作共同海损。

航行推迟期间,托运人可适时卸货和装货,其费用由托运人承担。造成航行延迟的原因解除后,托运人延迟重新卸货的,应交付滞留费。

第692条

船舶出海后目的港宣战、港口关闭、禁商等,船长根据出租人的指示停靠其他港口的,船舶租赁合同部分撤销,船长不得要求已经航行部分以外的运费,但合同有相反约定的除外。

五、海上旅行的乘客

第693条

未约定价格的,法官或法院在征求专家意见后通过简易程序裁决。

第 694 条

乘客未于适当的时间上船的,或未经船长同意于即将起航时放弃航行的,船长可起航且要求乘客支付全部票价。

第 695 条

未经船长或其代理人同意,乘客不得转让记名船票。

第 696 条

乘客于起航前死亡的,其继承人应支付约定票价的一半。

票价中包含有乘客的给养的,法官或法院可根据专家的评估,指定船舶应该保留的部分。

持票人在死亡时已转移船票的,其继承人无须做出任何补偿。

第 697 条

因船长和船主的过失造成航程取消的,乘客可要求取消航程并要求赔偿因此造成的损失和损害;因偶然事件、不可抗力、非船长和船主的原因造成航程取消的,乘客仅可要求取消航程。

第 698 条

航行中断的,乘客仅有按已航行的距离的比例支付运费的权利;因偶然事件或不可抗力造成航行中断的,无权要求赔偿因此造成的损失和损害，但因船长的过失造成中断的，有要求赔偿的权利。船舶无法继续航行且乘客按规定等待修理船舶的，不得要求增加旅行票价，但滞留产生的费用应由船舶方承担。

船舶推迟启航的，乘客可逗留于船舶，其给养由船舶方承担，但因偶然事件和不可抗力的除外。逗留超过10天的，乘客可申请取消航程，因船长和船主的过失造成推迟启航的，乘客可要求赔偿因此造成的损失和损害。

仅运送乘客的客船，无论乘客的人数，应按照其航程表直接将乘客送往各中间港或目的港。

第699条

乘客在起航前或起航后撤销合同的，船长有权要求其支付已消费的金额。

第700条

遵守船舶上的秩序和规定，乘客无一例外地遵照船长的指示。

第701条

船长不得假借旅客的便利或利益而靠岸、偏离航线或停止航行，使得航行时间变长。

第702条

合同无相反约定时，推定票价已经包含乘客在航行过程中的给养；但约定这部分费用由乘客承担的，船长有义务在必要的时候，以合理的价格提供食物。

第703条

乘客携带货物上船的视同托运人，船长不承担直接的和特殊的保管责任，但船长或船员造成货物损坏的除外。

第704条

船长为收取旅行和给养的费用，可留存并出卖乘客的货物作为运费，并享有相对其他债权人获取赔偿的优先权。

第705条

乘客在航程中死亡的，船长有权对尸体依当时情况进行处理的权利，同时依据本法典第612条第7种情形对船员的规定，谨慎保管乘客留在船上的文书和物品。

六、提单

第706条

船长和租船人有义务开具提单，提单应包含以下内容：
1. 船舶名称、编号和船舶容积。
2. 船长及其住所。
3. 装运港和卸货港。
4. 租船人姓名。
5. 记名提单应注明提货人。
6. 货物的重量、种类、包裹数和标记。

7. 约定运费和付给船长的佣金。

提单可注明由承运人或确定的人提货，亦注明可转让，但应于收到货物起24小时内开出，否则租船人可要求船长负责卸货，但合同另有约定的除外，并由造成损害和损失的一方承担赔偿。

第707条

主提单一式四份，船长和发货人均应签字。发货人持有一份并寄送提货人一份；船主保留两份，一份自己保存，一份交由船长。

此外，如有必要，可将原有四份提单复制多份副本发给各当事人；但在租船人的要求下，无论原来的四份还是后添加的，均应在每份提单上，写明收件人，即提单是发给船主、船长、租船人或是收货人。发给收货人的提单副本，则应在提单上注明"副本"，只有在原件丢失的情况下，副本才具有法律效力。

第708条

不记名提单应见单即付；若有背书，则根据背书的指示交付。

两种情况下，提单的受让人都从转让人或背书人处获得提单所指货物的所有权，并据此获得货物相关的诉权。

第709条

货物的相关利益人及其保险人之间的权利义务关系依据

本章规定制作的提单的规定。

第 710 条
各份提单之间出现不一致,且任何一份都未有修改或涂改痕迹的,若租船人或收货人持有由船长或船主签名的提单复本,则以此为准,而不以船长或船主所持提单为准;若船主或船长持有由船长或租船人签名的提单复本,则以此为准,而不以租船人所持提单为准。

第 711 条
提单的合法持有人在卸货前未向船长出示提单,强行要求船长卸货并存放至指定地点的,应负责货物相关的仓储费用及随之产生的其他费用。

第 712 条
船长本人不可改变货物的目的地。在接受租船人此项请求后,应先收回已签发的提单,否则将对货物的合法持有人承担全部责任。

第 713 条
若在交货前要求船长出具新的提单,并证明原始提单丢失,或因其他合理原因无法出具,只要船长认为货物有足够的担保,则有义务出具新提单,托运条件不变。若为本法典第 707 条第 2 款所规定的情况,则应在新提单中注明;若相反,则船长应对其未收到提单就进行装运负责。

第714条

若出航前船长逝世或因任何其他事故不从事此项工作,租船人可向新船长请求认可原提单。只要出示每份原提单并确认载货与提单一致,即可认为原提单有效。

确认载货与提单一致的支出应由船主承担。由于船主的原因,船长不能继续担任该职务的,船主不得将此项花费转移给原船长。若未确认载货与提单相符情况,则认为船长认可载货与原提单一致。

第715条

需确定载货、运费或其他相关费用时,可对提单进行速审或紧急审理。

第716条

若几人同时持不记名提单或受转让的背书提单并主张同一批货物,则船长应交货给提单开出日期最早的一位。但不同持有人出具的不同提单,后开出的提单是为纠正原提单的错误的除外。

在上述的例外情况中,以及若各持有人所示提单均为复件或副本且非因为纠正原提单错误的情况下,船长应诉诸法官或法庭确认货物是否安在,并在法官或法庭的干预下交予法定持有人。

第 717 条

船长或船舶高级官员为部分交货而开具的临时收据,应在交付提单时全部作废。

第 718 条

交货后,由船长签字的提单或交货所依据的某一份提单,应连同提单所示货物的收据一并交给船长。

收货人收货延迟的,收货人对船长造成的损失承担责任。

第二节 船舶抵押合同或押船冒险贷款

第 719 条

所谓船舶抵押合同或押船冒险贷款是指,船舶在航行中遇到灾难或紧急靠岸时取得贷款,并根据约定赎回交付的物品。

第 720 条

船舶抵押合同可通过如下方式缔结:
1. 公开书面签订。
2. 双方签署抵押书,并有船舶中介人介入。
3. 私人文件。

通过以上方式设立抵押合同的,应在船舶登记书和商事登记中心登记书中载明,合同各方已经确定的符合商事登记中心规定的要求的约定,该合同约定具有优越性。

在航行中签订抵押合同的,应按照本法典第 583 条和第

611条的规定,在到达船舶的登记港后8日内向当地商事登记中心登记的,自签署之日起对第三人产生效力。未在抵港后8日内向以上登记中心登记的,自登记之日起对第三人产生效力。

以第二种方式签订的抵押合同,与参与合同的船舶中介人的登记相符的方有效。以第三种方式签订的,应签字承认。

未书面缔结的合同,在诉讼时不具有效力。

第721条
船舶抵押合同应包括:
1. 船舶的种类、名称和编号。
2. 船主的姓名和住所。
3. 贷予人与贷款人的姓名和住所。
4. 贷款金额和约定的酬金。
5. 还款期限。
6. 抵押物。
7. 有风险的航程。

第722条
合同可约定抵押、可通过背书转让,受让人通过背书取得出让人的所有权利,同时承担其风险。

第723条
可通过物或货物提供贷款,贷款金额根据物或货物的价值计算。

第 724 条
以下物可共同地或分别地进行抵押：
1. 船体。
2. 船舶的设施。
3. 船舶的配件、食物和燃料。
4. 蒸汽船的机器。
5. 载货。
抵押船体的，包括设施、设备、其他配件、粮食、燃料、蒸汽机、该次航行的运费。
抵押载货的，包括组成货物的所有物品；针对船舶或载货的特定部分的，仅指明确规定的该部分。

第 725 条
船员的工资和应得的福利不得进行抵押。

第 726 条
贷款人以欺骗的方式获得贷予人超出对抵押物进行专业评估而确定的价值更多的钱财的，抵押仅在抵押物价值范围内有效。
其余的钱财，应连同其间产生的法定利息，归还贷予人。

第 727 条

若为装货而进行的贷款未用于装货，则应在起航前归还多余的部分。

若不能装货，也应同样处理。

第 728 条

船长在船舶所有权人住所所在地港口进行的借贷，未经所有权人明确授权或无所有权人、其代理人参与的，仅认为是船长个人的借贷。

船舶所有权人被索要用于船舶修理或配备供给的必要费用但于 24 小时内未予支付的，应以未付款者在船舶中所占有的份额，按比例承担借贷的义务。

非在船舶所有权人住所所在地的，船长可根据本法典第 583 条和第 611 条的规定进行借贷。

第 729 条

借贷的资金不承担风险的，该合同仅视为普通的借贷合同，贷款人有义务返还贷款并支付法定利息，合同另有约定的除外。

第 730 条

航行中签订贷款合同的，航行前签订的贷款合同依据投资时间享有优先权。

对近一次航行进行的借贷相对前一次航行的借贷享有优先权。

在同一次强制靠港的港口因同一个原因缔结多个合同的，应按比例支付。

第731条

在合同约定的时间和航行中，船舶上被抵押的物全部坏损的，贷款人丧失诉讼的权利。但因货物本身的瑕疵、贷款人的过错和恶意、船长的失误或未按合同约定驾驶船舶而造成的损失，或货物非因不可抗力而不按合同约定而载入其他船舶的，贷予人保留诉讼的权利。

贷款人负责举证货物的坏损，贷予人负责举证标的物未坏损。

第732条

抵押物发生共同海损的，受益的贷款人应按比例承担损失。

单独海损中，双方当事人没有明确约定的，贷款人应以其投资承担损失，而不认为源于风险，但前条有规定的除外。

第733条

未对发生风险的期限进行约定的，船舶、机器、设备和设施的风险自其出海至到达目的港，载货的风险自在出装运港装运完载货至将载货交付收货人。

第734条

船舶遭遇海难的,归还的借贷仅限于幸免的部分,并须扣除挽救产生的支出。

抵押船舶的全部或部分、抵押航行中收取的运费进行的借贷,偿还的承担仅限于幸免部分或收取部分。

第735条

在同一条船上同时办理了抵押贷款和海运保险的,若遇海难,获救的物资将在相互保险人和海险承保人之间按照各人合法权利的比例切分,不影响依据本法典第580条规定享有优先权的其他债务人的权利。

第736条

延迟归还资金和酬金的,仅对资金计算利息。

第三节 海上保险合同

一、合同的格式

第737条

书面缔结的且有合同当事人签字的海上保险单方有效力。

该保险单一式两份并均署名,双方各持一份。

第738条

保险单除双方自由确定的其他条款外,还应包含如下内容：
 1. 合同缔结日期和时间。
 2. 被保险人和保险人的姓名、住所。
 3. 缔结保险合同的目的，注明为自己投保或为他人投保。

为他人投保的，注明受益人的姓名、住所。
 4. 投保船舶或受益船舶的名字、港口、船旗国和编号。
 5. 船长的姓名和住所。
 6. 装载被保险货物的港口或海湾。
 7. 出发港或应该出发的港口。
 8. 装货港、卸货港以及因任何原因须停靠的港口或地点。
 9. 保险标的属性和性质。
 10. 包装后的捆数和件数，有标记的注明标记。
 11. 保险的期间。
 12. 保险内容。
 13. 保险费，支付的地点、时间和方式。
 14. 往返程均投保的，分别获得的保额。
 15. 保险人对投保标的受到损失后的赔偿义务。
 16. 支付赔偿的地点、时间和方式。

第739条

保险一方或双方为西班牙人的，领事机构授权的保险合同和保险单具有和船运中介人参与的保险合同和保险单同样的效力。

第740条

同一份合同和同一份保险单中可包含对船舶和载货的保险,但应载明分别的价值和各自的保险内容,否则无保险效力。

可对不同的标的设置不同的保额。

不同的保险人可使用同样的保险单。

第741条

被保险人对投保货物或船舶没有特别说明的,可省略。

但船舶出现海上事故,被保险人除证明船舶损失外,还须证明出发港、损失物的装载和价值,以便要求索赔。

第742条

保险单可通过背书转让。

二、可投保的标的及其估价

第743条

下列各项可作为保险标的:
1. 停港的或航行中的空船或载货的船舶的船体。
2. 舣装。
3. 蒸汽船的机械。
4. 配件和武器装配。
5. 食物和燃料。
6. 成批货物。

7. 运费和其他可能的收益。
8. 所有在航行中有风险的可确定其价值的商品。

第 744 条
可明确的所有或部分货物，无论共同或分别投保、战时或和平时期、依航行次数或时间计算保费、单程或往返、有利或不利消息，均可投保。

第 745 条
保险单中笼统规定对船舶投保的，包括船舶所有的机械、设备、配件，以及属于船舶的其他附属物品；但不包括其载货，即便该载货属于船主。

保险单中笼统规定对载货投保的，不包括压载物、贵重物品以及战备物资。

第 746 条
租船人、承运人或船长可投保运费险，未发生海难或货物损失的情况下被保险人无法确保完成航行的，有明确约定的可退回保费。

第 747 条
运费险的标的额的计算应根据船舶上实际存在的物品的价值，且不得超过船舶租赁合同中的约定。

第748条

利润险应在保险合同缔结时明确约定,并在保单中注明:

1. 根据船舶顺利到达目的港并在目的港出卖货物可获得的确定的收益。

2. 根据货物买入时的价格减去支出和运费后与卖出时的差价确定的收益与利润险表的相比发生减损时保险义务的减轻。

第749条

保险人可对被保险人的全部或部分投保物以同样的或不同的保率进行再保险;同样地,保险人可对保险费和被保险人的支付风险进行再保险。

第750条

若船长投保,或货主处于该船并对其货物投保的,则应加保10%,合同另有约定的除外。

第751条

船舶的保险仅限于其船舶价值的五分之四,其余五分之一部分的风险由被保险人承担,保险单中标明有相反约定的除外。

前条规定的情形下,应从保费中扣除最大限额贷款的金额。

第752条

除因欺诈或恶意，签订保险合同表明双方承认投保货物的确切评估价值。

若评估价值超过实际价值，则应根据实际情况采取以下措施：

若高估是出于错误而非恶意，则应通过各方达成一致或专业评估，将金额降为其实际价值。承保人将退还多收的保费，但仍应超出实际金额0.5%。

若出于被保险人的欺诈而承保人予以批准，则保险合同对被保险人无效，承保人将获得保费，并承担相应的刑事责任。

第753条

在国外投保而本国货币贬值的，应以保险合同签订当日当地的汇率为准。

第754条

若合同未明确规定投保货物价值，在执行合同时，应根据以下规定操作：

根据投保货物的发票。

根据经纪人或专家的声明。经纪人或专家应根据货物在离岸港口的价值，加上装船、运输及海关费用计算。

若船舶从外国回程装载了互换贸易的货物，则其保险金额按照互换货物在离岸港口的价值加上其他费用计算。

三、保险人和投保人之间的义务

第755条

由如下原因造成的投保标的的损失和损害,保险人承担赔偿责任:

1. 搁浅和触礁,无论船体是否破裂。
2. 恶劣天气。
3. 海难。
4. 意外碰撞。
5. 航行中更改航程或更换船舶。
6. 抛弃载货。
7. 火灾或爆炸,处于船舶的载货,或存放于陆地的为便于修理船舶或为货物考虑而依据有关当局命令卸载的货物,蒸汽机船因煤炭自燃造成的火灾。
8. 俘获。
9. 抢劫。
10. 宣战。
11. 依据政府命令的扣留。
12. 依据外国政府命令的扣押。
13. 报复行为。
14. 其他海上事故或风险。

当事人可确定例外条款,并在保险单上注明,否则无效。

第756条

因如下原因造成的投保标的的损失和损害，保险人不承担赔偿责任，即便在保险单中未排出：

1. 未经保险人同意，随意更改航程或航船。
2. 约定应争得保险人同意而未经其同意，自行离开船队。
3. 延长航线至保险合同中未约定的更远的港口。
4. 与船主、托运人开具的运单或提单相左的或相异的行为。
5. 未列入保险范围的船方失职造成的损失。
6. 因标的物的性质造成的减损或挥发。
7. 本法典、海事或航海法令、法规中有规定的过失，船长未遵守各种管理规定而发生的疏忽，但列入保险范围的船方失职造成损失的除外。

一旦发生上述情形，保险金归保险人所有。

第757条

保险包括往返航程的，若投保人在返程没有载货或载货量低于三分之二时，则按照实际载货量比例支付返程保险金，并令保险人支付给保险人差额部分的百分之零点五的费用作为补偿。

载货在去程中灭失的，保险金不予减退，但合同中另有约定的除外。

第758条

载货按不同份额在数个保险人处分别投保，且未明确各自保险人分别保险部分的，损失的部分应按比例由各保险人偿付。

第759条

货物分装在不同船只上且未指明各船只载货量的，投保人可任意分装或将所有货物载于同一条船上，保险人的责任不因此减少。明确指出各条船只上分装的载货量且每条船只分装的量各不相同的，保险人的责任仅限于各条船上的投保的载货量。或保险人可按照保额百分之零点五的比率对合同约定的载货数量的超出部分收取费用。

船只上无载货的，则其保险约定无效。但因此造成的其他船只上装载的超过合同规定的载货量的，投保人应按照超载量另支付百分之零点五的费用。

第760条

船舶在起航前无法航行而将货物转移另一艘船舶的，保险人可选择是否继续履行合同，继续履行的应补偿其造成的损失；船舶在航行中无法继续航行的，由保险人承担风险，即便另一艘船舶来自不同的船旗国或港口亦然。

第761条

保单中未明确投保风险的时间限制的，参照本法典第733条关于船舶抵押合同的规定。

第 762 条

保险合同规定有明确时限的，保险人的责任到该时限为止。

第 763 条

投保人为其便利在比约定港口更近的港口卸货的，不应降低保险金数额。

第 764 条

保险条款在维修船只或为其载货而进行的中途停靠期间当然具有效力，但保险条款中有明确相反约定的除外。

第 765 条

投保人一旦得到保险人的询问邮件，应立刻通过邮件，若有可能同时通过电报——通知保险人被保险船只的航线、遭到损害或灭失的被保险货物，未履行该行为的应承担所造成的所有损失。

第 766 条

由载货船只的船长责任造成的被保险货物灭失的，船长应按照购买货物的发票金额及装载货物费、运输费向保险人进行赔偿。装载费及运输费根据装货港所在地的西班牙领事单位或相关管理部门开具的证明、其他相关文件及海关文件确定。

投保人未按约定而自行运输所投保的货物的，处理办法相同，合同有相反规定的除外。

第767条

保单中规定如遇战争应增加保险金但未规定增加额度的，若合同各方不能取得一致意见，则应根据《民事诉讼法》相关规定选出专家，综合考虑该保险情况和各项风险，决定增加额度。

第768条

发生抢劫事件后，若抢劫者将船只或其载货无偿退还的，可免除保险人的偿付责任。

第769条

根据保险合同提出偿付时，必须同时出具文件以作证明：

1. 船长的报告或航行记录的公证复印件以证明船只航行情况。
2. 提单或其他海关出具的文件以证明装运的被保险货物。
3. 保险合同，即保单。
4. 本条第1项中，如有必要，连同船员的报告，以证明被保险货物灭失。

同时应通过专家审定被保险货物减少的数量。

保险人可对偿付要求提出异议，并应通过司法程序进行审核。

第770条

经出具证明文件,且保险人承认该文件以及相应损失属实的,应在保单规定的时间内进行偿付。保单未规定偿付期限的,应在10日内执行。

保险人通过司法程序提出异议并拒绝偿付的,法官或法庭可裁定保险人预先支付相当于要求偿付数额的保证金,或先行支付给投保人足够数量的预付金。

第771条

若被保险船只在海运事故中受损,无论是否修理,保险人只偿付修理费用的三分之二。若修理,则应依据法律规定的程序偿付费用;若不修理,则应由专家评估金额。

惟船主或船长获得授权,可决定不修理船舶。

第772条

由于修理,船舶的价值与投保价值相比增加了三分之一以上,则保险人应偿付修理费用的三分之二并减去因修理而使船舶增值的部分。

若被保险人能证明船舶的主要价值的减少并非来自于修理,而系由于新船只首航出现故障或新机器、船帆、装备损毁,则偿付金额内不应减去因修理而使船舶增值的部分,保险人应根据本法典第854条第6款规定,偿付三分之二的修理费用。

第773条

若修理费用超过整船价值的四分之三，则认为船舶已不适航，应着手废弃该船。被保险人就以上弃船无声明的，保险人扣除受损船舶或其残留部分的价值后进行赔偿。

第774条

共同海损的赔偿，在理算和偿付结束后，被保险人应将所有要求理赔的证明账目及文件交予保险人，保险人在确认理算结果与保单一致后，有义务在规定期限内将相应金额付给被保险人；若未规定期限，则以8日为限。

偿付金额的利息从该日期起算。

若保险人认为理算结果与保单不一致，可将申诉金额交予当地法官或法院，并于8日内向该法官或法院提出申诉。

第775条

任何情况下都不得向保险人要求超过保额范围的赔偿，无论是船舶在因故障被迫靠岸修理之后丢失，或共同海损的偿付金额超过保额，或同一航程中或某一保险时间段内各种故障的修理费用超过保额。

第776条

单独海损中，被保险货物应按照以下规定处理：

1. 所有因抢劫、丢失、航行途中变卖、损坏或任何保险合同中包含的海运事故，都应以发票金额为准，若无发票则以保险合同中的金额为准,保险人应偿付相应损失。

2. 船舶到达适宜停泊的港口,而部分或全部货物损坏的,应由专家鉴定货物若完好到达的价值以及损坏后的价值。

两种情况价值之差,减去清关费用、运费以及其他费用,加上专家鉴定费用及其他费用,即得到海损总额。

被保险货物整体受损的,保险人应支付所有赔偿;但若保额仅够支付部分损失,则被保险人应根据比例获得相应赔偿。

若货物投保的受益人是托运人,则应分开理算。

第777条

专家鉴定完毕单独海损后,被保险人可按照本法典第580条第9款主张自己的权利,保险人依据本法典第858条和第859条进行理赔。

第778条

保险人不得要求为明确被保险货物的价值而出卖被保险货物。

第779条

若被保险货物的估价须在国外进行,则应遵守当地的法律规定、惯例和习惯操作,同时应符合本法典的规定。

第780条

保险人理赔后,可以代替被保险人主张赔偿所有因恶意或未履行责任而引起的被保险货物的损失。

四、保险合同的无效、撤销和修订

第781条

保险合同因如下原因无效:

1. 已抵押全部船舶或货物取得贷款的。

未抵押全部船舶或货物取得贷款的,仅对船舶或货物的价值超出贷款金额的部分进行投保。

2. 对船员或乘客生命投保的。
3. 对船员的工资进行保险的。
4. 对船旗国认为违法的商业行为投保的。
5. 经常从事走私的船舶因走私而造成损失和损害的。此种情形,被保险人应向保险人另支付保险金的5%。
6. 非因不可抗力,船舶填写保险单后6个月内未起航的。此种情形下,被保险人应向保险人另支付保险金的5%。
7. 船舶不按照约定航行的,或不按规定而抵达其他目的港的。此种情形,被保险人应向保险人另支付保险金的5%。
8. 故意虚报保险物价值的。

第782条

非因欺骗对同一标的投保的,仅最早签订的保险合同有效。

后来签订的保险合同，保险人不承担责任并有权收取保费。

第一份保险不足以支付赔偿金的，后来签订合同的保险人根据合同签订日期的先后顺序依次承担赔偿责任。

第783条

被保险人必须向各保险人足额支付保费，但在保险标的抵达目的港前得知后来签订的合同无效的除外。

第784条

对标的物坏损、受损或顺利抵达目的港的重复投保，只要有理由推定缔约人明知为重复投保的，重复投保无效。

所谓推定明知，指在必要的时间内通过信件或电报等方式在被保险人的所在地进行公告的，以及其他能起到证明作用的证据可证明的。

第785条

保险合同的双方当事人在签订合同时明知所投保的风险会发生仍签订合同的，合同无效。

证明以上事实属实的，明知事件会发生的一方向另一方承担五分之一保费的赔偿。本规定不影响其应承担的刑事责任。

第786条

明知保险标的全部或部分坏损，仍以他人名义对坏损的标的物投保的，应承担与以本人名义投保相同的责任。反之亦然，代理人不知所有权人的欺诈，而向保险人按照合同约定支付保费的，所有权人承担所有责任。

保险人明知保险标的已经获救，仍与代理人签订保险合同的，同样依据以上规定。

第787条

保险合同存续期间，保险人或被保险人宣布破产的，为履行赔偿责任或交付保费的义务，双方均有权要求对方提供担保；若破产一方的代表在3日之内拒绝提供担保，合同撤销。

若在上述的3日期间内发生灾难，且尚未提出担保的，无权要求赔偿或支付保费。

第788条

被保险人与多名保险人签订具有欺诈性质的保险合同的，若部分保险人为善意的，善意保险人有权向恶意保险人要求全部保费，被保险人不承担任何责任。

部分被保险人以欺诈的方式与保险人签订保险合同的，以同样的方式处理。

五、保险标的的遗弃

第 789 条

依据如下原因，被保险人可要求保险人根据保险书上规定的数额对其遗弃的保险标的进行赔偿：

1. 遭遇海难。
2. 因搁浅、船舶破裂或其他海上事故造成船舶无法航行的。
3. 遭遇俘获或本国、外国政府命令的扣留和扣押的。
4. 保险标的的全部坏损，或其四分之三的价值的减损。

其他灾难造成的遗弃，根据保险合同的条款和本法典的规定确定各自承担的责任。

本条前两种情形中，船舶在遭遇海难、搁浅、无法航行后可修复的，应进行修理后继续航行至目的港，不得遗弃保险标的，但船舶修理的价格超过船舶保险金额的四分之三的除外。

第 790 条

船舶可继续航行的，保险人仅承担因搁浅或其他损害造成的损失。

第 791 条

海难或遭遇俘获后，被保险人有根据当时情形谨慎地营救和回收遗失物的义务，但本规定不妨碍被保险人适时实施遗弃的权利。保险人以未支付的赔偿金额为限，承担营救遗失物的合法支出的义务。

第 792 条

船舶确定无法继续航行的，被保险人有义务将此情况以电报方式告知保险人，无法使用电报的，应在收到消息后立即通过邮件通知保险人。船上载货的利益人应足够谨慎地根据本法的规定将载货发送到目的港，载货的利益人没在船上的，船长应代为履行以上行为。保险人应以保险单上约定的保险金额为限，承担卸载、仓储、重装和转运、运费增加以及其他的风险和费用。

第 793 条

为使前条规定发生效力，船舶无法航行发生于松德海峡至博斯普鲁斯海峡（译者注）欧洲周边海域的，应在 6 个月期限内将货物运至目的港；发生于其他海域的，应在 1 年内将货物运至目的港。自被保险人发出灾难发生的通知之日起计算。

（译者注：松德海峡，el Estrecho Sund，在瑞典南部和丹麦西兰岛之间，接通波罗的海和卡特加特海峡；el Estrecho Bósforo 博斯普鲁斯海峡，是欧洲与亚洲之界，它北连黑海，南通马尔马拉海，土耳其第一大城市伊斯坦丁堡即隔着博斯普鲁斯海峡与小亚细亚半岛相望，是黑海沿岸国家第一出海口。）

第 794 条

若货物的相关利益人、船长或保险人经努力寻找,但仍无法找到合适的船舶按照前述诸条规定运输货物至目的港,载货的所有权人可遗弃投保的载货。

第 795 条

因扣押或扣留造成船舶中断航行的,被保险人有义务尽快向保险人通报此情况,在本法典第 793 条所规定的期限前不得遗弃保险标的。

被保险人还有义务向保险人提出救援以解除扣押。若与保险人距离遥远,无法和保险人沟通取得共识,被保险人应单独采取适当的措施以解除扣押。

第 796 条

即便运费已经提前收取,载货的运费也应算入船舶的抛弃的清算。已经提前收取运费的,运费应归保险人。其他债权人根据本法典第 580 条的规定保留其权利。

第 797 条

本法典第 793 条对时限的规定是自被保险人发出灾难发生的通知之日计算的,与收到通知之日无关。

所谓接收到第 793 条对时限的规定中所指的消息,是指公众能得知该消息。或在报刊上公布,或通过邮件通知被保险人住所所在地的商人,或收货人、联系人接收到邮件、电报能证明该灾难发生的。

第 798 条

常规航行超过1年或远程航行超过2年未获得船舶消息的,保险人有权遗弃保险标的。

此种情形,无须证明保险标的是否坏损,均可向保险人要求赔偿保险的金额。但应由出海港所在地的领事馆或当局提供未获得船舶消息的证明,且由目的港所在地的领事馆或当局提供在指定的期限内船舶未到达的证明。

实施该行为还应满足本法典第 804 条规定的时限。所谓短程航行,指在欧洲的沿海、亚洲和非洲的地中海沿岸,美洲的拉普拉塔河和圣罗伦佐河(译者注)出海港以近的沿岸,西班牙沿海及上述海域的岛屿间航行。

(译者注:拉普拉塔河, el ríos de La Plata, 圣罗伦佐河, el ríos de San Lorenzo, 均位于阿根廷境内。)

第 799 条

对保险设立期限的,依法推定标的物的坏损发生于该期限内,但保险人能证明坏损发生于其责任结束后的除外。

第 800 条

保险人应在抛弃保险标的物时声明对该物签订的保险合同和抵押条款合同,未声明前不得获得赔偿。

以欺诈的手段进行声明的,即便该物确已坏损,亦丧失获得保险赔偿的权利,且负有交还抵押贷款的义务。

第 801 条

船舶被捕获后被保险人没有时间与保险人达成协议的，或没有时间等待保险人的指示的，或船长不在时，被保险人应展开对保险标的的营救，并尽快告知保险人。

保险人应在接到被保险人或船长制定的协议的 24 小时内作出同意或反对的表示。

保险人同意该协议的，应在协议内注明应营救的具体数量，并根据保险单的条款承担继续航行的风险；保险人拒绝该协议的，支付保险赔偿金，丧失针对营救物的所有权利；在规定的时间内没作出决定的视同反对。

第 802 条

重新夺回船舶，被保险人重新获得保险标的的占有权的，因被捕获而造成的开支和损失均应作为损失，由保险人承担。若重新夺回船舶后，保险标的归第三人占有的，保险人可行使抛弃权。

第 803 条

保险人或通过司法决议同意抛弃的，抛弃物的所有权，及其自抛弃之时起抛弃物发生的改善或损坏均转移至保险人，但仍有支付合法抛弃船舶的修理费用的义务。

第 804 条

以下不认为是抛弃：
1. 起航前发生坏损的。

2. 以片面的或附条件的方式进行的，且不包含所有被保险货物的。

3. 在得知坏损发生之日后 4 个月内不向保险人告知其准备抛弃的。且灾难发生于欧洲港口、亚洲和非洲的地中海沿岸港口，美洲的拉普拉塔河和圣罗伦佐河出海港以近的港口间，10 个月内不实施抛弃的；或灾难发生于其他港口，18 个月内不实施抛弃的。

4. 非由所有权人、所有权人授权的人或缔结保险合同的代理人实施抛弃的。

第 805 条

抛弃保险物的，保险人应支付在保险单约定期间内的保险赔偿，没有约定的自其同意抛弃或本法典第 803 条规定的声明作出之日起 60 日。

第四章　风险、损失以及海商事故

第一节　海　损

第 806 条

本法典所谓海损是指：

1. 在航行中为保全船舶、载货而产生的所有非常的或应急的支出。

2. 船舶自从出发港起航至抵达目的港，载货自在出发港接收至在目的港交付期间产生的损坏或缺失。

第 807 条

航行产生的小额的、一般的支出，如海岸及港口收取的引航费、快艇及拖船费、停泊费和各类检疫费（译者注1），驳船（译者注2）产生的费用，载货在港口产生的费用，以及普通航行应产生的费用为常规费用，无需明确载入合同。

（译者注1：原文中 visita, sanidad, cuarentenas, lazareto 翻译为中文均为检疫费。）

（译者注2：此处直译应为"驳船费"。据《西班牙海事字典》介绍，驳船为本身无自航能力，需拖船或顶推船拖带的货船。其特点为设备简单、吃水浅、载货量大。驳船一般为非机动船，与拖船或顶推船组成驳船船队。因此，此处应译为"驳船产生的费用"。）

第 808 条

海损分为：
1. 单独海损。
2. 共同海损。

第 809 条

所谓单独海损，总而言之，所有的开支和船舶、载货的遭受损失并非使得船舶上的和载货的所有相关人获得利益。特别地，包括如下情形：

1. 载货自装船至卸货期间，因为货物本身的瑕疵或因为海上事故、不可抗力遭受的损失，以及为避免、挽回损失发生的支出。

2. 船舶自出海港起航至抵达目的地抛锚，停靠期间因前款所叙原因造成的船体、装置、武器和配件的损失和开支。

3. 海事规定中规定的甲板上载货的损失，但近海航行除外。

4. 若海运合同是以航次为单位计算费用，船舶因法定命令或不可抗力而停止航行或遭到扣押而产生的船员的工资和食物开支。

5. 船舶因休整和自给而停靠某港口的必要开支。

6. 船长在必要时出卖的少量载货以维持船员的口粮和生存，或补贴船舶的其他必要开支，但船长应提供相应的证明。

7. 船舶在隔离期间的船员的工资和食物开支。

8. 因意外的和不可避免的碰撞造成船舶或载货的损失。若该事件是由于船长的过失和大意造成的，由船长承担全部损失。

9. 任何因船长或其他船员的过错、大意或欺诈造成的载货的损失。不影响受到损失的所有权人向船长、船舶或应缴纳的运费提出诉讼。

第810条
发生支出或受到损害的货物的货主承担单独海损。

第811条

所谓共同海损，总而言之，在面临熟知的和切实的风险时，经考虑后作出的开支和造成的损失是为挽救船舶或（和）载货。特别地，包括如下情形：

1. 船舶或载货遭遇敌人或海盗（译者注）俘获时为赎回船舶或载货而支出的钱财，以及赎回船舶或载货期间的船舶的食物、船员工资及其他开支。

2. 为减轻船舶的负重而抛弃的载货，或船舶、船员的物品，以及因抛弃造成的船上的物品的损失。

3. 为挽救载货或（和）船舶而抛弃、毁坏的电缆和桅樯，抛弃的船锚、链条。

4. 在靠港或进入小海湾时必须减轻船载时对部分载货进行卸货或转船的费用，以及因此造成的损失。

5. 为排水和防止船舶沉没而在船上凿开缝隙而对载货造成的损失。

6. 为挽救船舶故意搁浅后，使船重新入水的费用。

7. 为挽救载货而对船舶进行必要开凿、打洞或破损而对船舶造成的损害。

8. 对因保护和挽救船舶而受伤、致残的船员的照顾和扶养而产生的费用。

9. 任何船员被敌人或海盗作为人质关押直至返回船舶或返回住所，其间的工资以及因入狱产生的必要费用。

10. 按月计算运费的船舶依据不可抗力或政府命令而被查封或扣押期间，船员的工资和给养，以及为全体利益而修补船舶的开支。

11．因不可抗力遭遇共同海损，为修理船舶而变卖载货，造成货值减少。

12．清算海难造成损失的费用。

（译者注：原文为"corsarios o piratas"，翻译成中文时均为"海盗"。）

第 812 条

共同海损的损失由发生损失时船上所有与此相关的人和载货分担。

第 813 条

共同海损中的开支和必要损失由船长作出决议，此前应征求大副等其他船舶高级海员的意见，与在船舶上的所有利益相关人共同决定。

若利益相关人反对此项决议，船长及大部分高级船员，或船长一人与大部分人意见不符，但仍认为有必要采取措施的，可采取措施并由个人承担责任。但不影响托运人向有关法官或法院诉讼船长恶意实施、经验不足或考虑不周的权利。

若利益相关人在船上，但未得到通知参与有关共同海损的讨论的，可就此部分归罪于船长。但船长因为事态紧急，没有足够时间谨慎决策的除外。

第 814 条

采取可作为共同海损的损失的决议必须记入航海日志，

并注明原因和理由，有相反意见的应注明反对票数、反对理由；事态紧急的，应注明不得不采取措施的原因和船长面临的紧急情况。

第一种情形中，有可能的情况下，所有在场并知晓的人均应于采取措施前在决议上签名；没有可能的，情况一旦允许应该补签。第一种情形中，应当由船长和高级船员签名。

在文书中和决议后应载明所有抛弃物，以及其他保留于船舶上的物品遭受的损坏。船长有义务将此文书于抵达第一个港口后的24小时内呈交当地海事司法当局，并宣誓内容属实。

第815条

应在船长指挥下，按照以下顺序抛弃货物：

首先为位于公开区域的妨碍操作或对船舶有害的货物，最重的或用处、价值最少的货物应先抛弃。

非位于表面的货物，同样应先抛弃最重、价值最少的货物，尽可能少地弃货。

第816条

为计算共同海损和获得赔偿，被弃货物的货主应凭提单证明其货物载于该船上，或根据本法典第612条第1款制定的清单证明出发前该部分货物位于船舶之上。

第817条

如船舶遇到风暴，为方便其尽快进入港口或小海湾而采用快艇或小船转运部分载货导致货物灭失，该货物的货主有权要求作为共同海损的赔偿，将其损失分摊到整个船舶及其载货之中。

相反的，转运的货物获救而船舶沉没的，则不能对获救货物要求任何赔偿。

第818条
若为扑灭港口、小海湾或海港的火灾，协商后必须沉船，则沉船损失视为共同海损，应由获救船只共同承担损失。

第二节 强制靠港

第819条
航海中的船舶因缺少给养、担心查封、海盗，或遇到海上其他事故造成无法继续航行至目的港，船长可召集高级船员和在船上的有一定职位的利益相关人一同商讨面临的情况，决定将船舶就近停靠港口或驶抵适宜的港口，载此于航海日志并由所有人署名。全体船员均可参与本会议，但无表决权。

船长具有决定权，船上的有一定职位的利益相关人可根据其意愿提出要求和反对意见。这些意见应予以记录，以便根据需要作为参考或证据。

第820条
以下原因造成的靠港并非法定：

1. 缺少供给是因为未考虑航行惯例，或由于不良存放和看管造成无法使用或丢失。

2. 未明确认识到、未说明遭遇敌人或海盗的风险，或没有充足的理由冒此风险。

3. 未按照适宜于航行的要求进行维修、供应、配置和安排，或因为船长不适当的命令造成船舶损坏的。

4. 因船长恶意、疏忽、目光短浅或经验不足造成损害的。

第821条

强制靠港的费用由船主或船方承担，但法定原因造成强制靠港的，不再承担因此造成的对托运人的损失。

非因法定原因造成靠港的，由船主和船长共同承担赔偿责任。

第822条

若为维修船舶或避免载货遇到损失必须卸货的，船长可请求相关法官或法院授权其卸货，应告知随船的利益相关人及其代理人。

在国外港口，应请求位于港口的西班牙领事馆授权。

为维修船舶而卸货的，由船主承担开支；为避免载货遇到损失的，获利的货物所有人承担卸货的开支。

既为维修船舶又为避免载货遇到损失而卸货的，其开支按照船舶和载货（受益——译者注）的比例分担开支。

第823条

船长负责卸载货物的看管和保护并承担其责任，遇不可抗力除外。

第824条

全部或部分载货发生或面临损坏，船长可请求相关法官、法院或领事馆出卖全部或部分载货。船长应根据本法典第624条的规定，在专家同意并说明意见之后，进行通告、履行其他程序，并载此于载货书，然后授权变卖。

船长应说明其采取行为的合法性，否则就其商品完好抵达目的港后正常出卖的价格承担对托运人的责任。

第825条

船长在造成强制靠港的原因解除后仍不航行的，应就延迟造成的损失承担赔偿责任。

因担心遭遇敌人或海盗而作出逃离决定的，应召集全体高级海员和在船上的有一定职权的利益相关人，根据本法典第819条的规定讨论和决定。

第三节 撞 船

第826条

因某船舶的船长、大副或其他船员的过错、疏忽或经验不足而碰撞他船的，该船船主应对造成另一船舶的损失和损害承担赔偿，其金额由专家评估。

第 827 条
双方船舶均对碰撞承担责任的，各自承担本船受到的损失，并对其造成的损失和损害承担连带责任。

第 828 条
前条规定同样适用于无法确定某船舶造成碰撞的情形。

第 829 条
本规定不影响船主应对该行为造成的损失承担民事诉讼和刑事责任。

第 830 条
某船舶因偶然事件或不可抗力碰撞他船的，分别承担各自受到的损失。

第 831 条
船舶碰撞是因第三人造成的，损失和损害由第三方船主承担，该第三方船舶船长与船主共同承担民事责任。

第 832 条
因为天气或其他不可抗力的原因，已经投锚停泊的船舶碰撞紧临的船舶造成海损的，应认定被撞船舶遭受单独海损。

第 834 条

因领航员的过错造成的船舶相撞，不豁免船长的责任，但船长有权要求领航员承担赔偿责任。本规定不影响领航员应承担的刑事责任。

第 835 条

赔偿造成的损失和损害的诉讼应于发生碰撞的 24 小时内向碰撞地港口的，或船舶最先抵达港口后的 24 小时内向西班牙的有关当局提出，未在西班牙的向当地的西班牙领事馆提出。

第 836 条

不能因为利益相关人不在船上或无法表示自己意愿而认定其没有提出抗议。

第 837 条

本节所规定的船长的民事责任仅限于船舶及其附件的价值以及航行所收取的运费。

第 838 条

若船长应承担的民事赔偿超过该船舶及其配件的价值，应首先满足对亡者和伤者的赔偿。

第 839 条

在外国海域或公海发生的西班牙船舶之间的碰撞，且船舶停靠外国港口的，当地的西班牙领馆应做出调查总结，并将文件尽快寄予中央和地方的海事官员（译者注），以便其继续调查并做出结论。

（译者注：Capitán General del Departamento，中央和地方的负责船舶、船长和船员有关事宜的政府官员。）

第四节 海 难

第840条

因海难和船舶搁浅造成的船舶或载货的损失、损害，由各所有人分别承担损失，剩余物按其比例分摊。

第841条

若海难和船舶搁浅是由于船长的恶意、大意或经验不足，或船舶起航时未处于适航状态而造成的，船主或托运人可以依据本法典第610条、第612条、第614条和第621条的规定要求船长承担造成船舶或载货损失的责任。

第842条

海难中打捞的货物应用于支付该打捞的开支，且打捞出的货物所有权人在获得货物之前应付清打捞费用，打捞费相对货物的其他债务具有优先权。

第843条

若部分船舶遭遇海难而部分船舶幸免，幸免的船舶应分担救助的义务。

船长非法拒绝救助的，遭遇海难的船舶的船长可在抵达第一个港口后的24小时内向两位海事官员提出要求赔偿因此造成的损失和损害，同时根据本法典第612条的规定载入相关文书中。

若无法对所有载货进行转载，应根据船长的指令，首先转载最贵重、最小巧的。船长作出指令时应和其他高级海员取得一致意见。

第844条

救助方的船舶应继续航行至其目的港，抵达后应根据司法裁决和载货法定所有人的指示寄存货物。

救助方的船舶可改变航线抵达指定的港口的，船长经托运人、货运员、高级船员和旅客同意，可同意其卸货和下船。但港口面临战争、停靠困难或危险的除外。

该次靠港的开支应由载货的所有权人承担，其金额应根据其情况，根据司法协议或司法决定做出。

第845条

若无人变卖所载货物用于支付挽救货物所花费的运费及其他费用，法官及法庭有权要求通过协议变卖货物以用于支付。在保存货物具有危险的，或在1年内无法确认货物主人的，也可进行此操作。

两种情况下，都应根据本法典第279条规定进行公布并完成其他程序，变卖后的资金应安全保管，听候法官或法庭判决以交还给其合法所有人。

第五章 海损的证据和理算

第一节 各类海损的共同规定

第846条

提供海损证据和理算利益相关人可约定或相互要求随时对海损的责任、理算以及支付方式进行协商。

无法达成共识的,依据如下规定:

1. 海损的证据在修理船舶港口作出,有卸货的,在卸货的港口作出。
2. 卸货港为西班牙港口的,在卸货港进行理算。
3. 在非西班牙水域发生的海损,或强制停靠的港口非为西班牙港口的,在停靠港进行理算。
4. 发生海损的地点靠近目的港,且可在目的港停靠的,依据第1项和第2项的规定。

第847条

无论是协议进行的理算,或是经任何利益相关人申请后司法当局介入的理算,应传唤所有当事人,并听取其意见。当事人拒绝参与、拒绝到庭、拒绝发表意见的除外。

在外国港口进行的理算,当事人或其合法代理人无法参与理算的,由外国港口的西班牙领事馆进行。当地无领事馆的,根据当地法律并考虑当事人利益,向相关法官和法院理算。

当事人在理算地有代表的，应承认其合法性并允许其参与理算，授权可根据船长、承运人或保险人的信件确定。

第848条

请求对损失进行理算时，不超过船舶总价值或共同海损中载货总价值5%的，单独海损中载货总价值1%的，不得理算。两种情形下均不包括税费。合同有相反约定的除外。

第849条

一切共同的损伤、海损、风险及其补偿，以及其他任何损失，3日内都不得因拖延而产生利息。3日后理算完毕并自通知船舶及货物相关利益人起开始计算利息。

第850条

若船舶在同一航程中分别遇到共同海损和单独海损，在维修港或卸货港分别计算海损的开支和损失。

为此，船长应要求估价专家及维修专家，以及在卸货、货物检疫及交易过程中估价或干预者，在其估价或预算中精确表明每一项海损的损失及相关支出，并在每项海损中分别写明船舶及货物所受的损失及相关支出，注明其中是否含有由物品自身原因而非海上事故造成的损失；若不同的海损或船舶及货物间有共同支出，应分摊为各项开支，并在不同条目里显示。

第二节 共同海损的理算

第851条

船长提出申请,经各利益相关人的同意,在船长在场下可进行共同海损的理算和分摊。

为展开上述理算和分摊,在船舶抵达港口的48小时内,船长应通知所有利益相关人是否有必要由专家或共同任命理算人对共同海损进行理算。由专家或理算人理算的,应取得所有利益相关人的一致意见。

无法取得一致同意的,船长应按照本法典规定向理算地的法官或法院提出诉讼,或告知当地的西班牙领事。当地无西班牙领事的,可告知该港口的地方当局。

第852条

船长不履行前条规定的义务的,船主或托运人可要求理算,且不影响其要求获得损失赔偿的诉讼权利。

第853条

利益相关人任命的专家或法官、法院指定的并由利益相关人确定的专家,确定需要理算的船舶及其所需进行的修理,评估其价值,将既有的损伤同自然折损区分开。

专家认为船舶可修理的,可宣布修理;认为有必要卸货理算和修理的,可宣布卸货。

货物的理算,可通过简单目测确定的,应在交货前理算;无法简单目测确定的,可在交货后48小时内理算,但不得破坏专家理算需要的证据。

第854条

共同海损损失金额的计算遵循如下原则：

1. 获救部分的货物应用于支付共同海损的，根据卸货时货物的市价，并根据检验货物的结果和对货物的了解，对货物进行估价并扣除运费、通关费、卸货费。另有约定的除外。

2. 若在出海港进行理算，货物的价值应根据购买货物时的价格加上装至船上的费用，但不包含保费。

3. 货物亦遭损失的，依据其实际价格。

4. 航程中断，货物在国外出卖且其损失无法计算的，根据抵达当地该货物的价格或出卖的收益确定其价值。

5. 共同海损中货物损失的计算应根据该货物的种类和重量，若不确切，则应依据其在装货港出具的货物购买发票，包括其装货后产生的费用和运费。

6. 获救后无法继续航行的船舶的断木、风帆、缆线等部分的价值根据第三方新船上该部件的市价折旧计算，并应折旧去掉三分之一的价格。

锚和链的价值不得折旧。

7. 船舶的价值根据其状况确定。

8. 运费折半计算。

第855条

存放于甲板上的货物获救的，应支付共同海损。为解除共同危险而抛入大海的货物，不得因此提出赔偿，但海事规则有明确规定的除外。

存放在船舷上但提单或货物清单上未包含的货物，视其情况适用前段规定。

租船人和船长未按发货人的要求摆放货物的，因弃货而造成的损失由租船人和船长承担。

第 856 条

随船携带的军火和船长、船员的衣服不计算入共同海损。

发货人、托运人和乘客在船舷抛弃的衣服亦不计算入共同海损。

非在危险期间抛弃的货物亦不计算入共同海损。

第 857 条

由专家评估获救物资的价值及共同海损的损失后，且若有需要，修理船舶并由相关利益人、法官或法庭批准修理开销后，应将账目交给指定的理算人进行海损损失分配。

第 858 条

为实施理算，理算人可检查船长的情况说明书。必要时还可检查航海日志、海难相关的利益人与船舶签订的各类合同、定价单、专家意见书和修理单。若检查结果证明存在瑕疵且可能损害利益相关人的权利或影响船长应承担的义务，专家可要求予以关注并进行矫正。在可能的情况下，在另一理算中应首先予以考虑。

随即对海损进行分摊，分摊应遵循如下原则：
根据本法典第854条的规定确定货物的价值。
专家确定船舶的价值。
运费只取其一半。另一半用作船员的工资和膳食费用。
根据本法典的规定确定共同海损的总额后，应按比例在参与海损赔偿的相关人中分摊。

第859条

船舶保险人、运费保险人和货物保险人在各受害人提出要求后应分别予以补偿。

第860条

尽管在遇到危险时抛弃了货物，但同一危险中船桅、缆线和配件的损坏不计入共同海损。

获救部分的所有权人不对其抛入大海的和丢失、损害的部分承担赔偿责任。

第861条

若在船舶遇险抛弃货物后继续航行中，船舶再次遇险，前次危险中获救的货物应继续分担共同海损，其价值根据货物所处状况决定，并扣除抢救所花费用。

第862条

即使为救出船舶或其载货，故意折断桅杆或对船舶做出其他损伤，若后来货物丢失或遭窃，船长也不能要求托运人或收货人承担海损赔偿，除非货物因货主或收货人自身责任丢失。

第863条

若被抛入海的货物的货主，在收到共同海损赔偿后又找回货物，则应将赔偿退还给船长及其他对货物做出赔偿者，其中扣除因抛货造成的损失及找回货物所花的费用。

此种情况下，船主及其他利益相关人之间按照支付海损赔偿的比例获得退款。

第864条

被抛入海的货物于共同海损赔偿前找回的，无需对抛货后剩余货物的共同海损进行赔偿。

第865条

只有在相关利益人或其代表听证下进行理算检查，并达成一致后，或由法官或法庭通过后，共同海损的分配才具有效力。

第866条

理算通过后，应由船长负责征收海损分摊费用。若由于其玩忽职守，使得损失扩大，船长应对出险货物的货主负责。

第867条

分摊海损者在接到通知后3日内未缴纳其份额,经船长申请可使用其获救货物抵扣分摊费用。

第868条

若接受获救部分时接受人无法对其应承担的共同海损提供担保,船长可延迟交付,直至其支付应承担的部分。

第三节 分别海损的理算

第869条

法官、法院或利益相关人选择的专家,根据海难的状况,依据本法典第853条以及第854条第2项至第7项的规定确定和评估海损。

第四卷

无力支付、破产和时效

第一章 无力支付、破产总则

第一节 无力支付及其效力

（第870条—第873条已根据2003年7月9日通过的第Ley 22/2003号法令废止。）

第二节 破产总则

（第874条—第885条已根据2003年7月9日通过的第Ley 22/2003号法令废止。）

第三节 破产的分类

（第886条—第897条已根据2003年7月9日通过的第Ley 22/2003号法令废止。）

第四节 破产时与债权人的协议

（第898条—第907条已根据2003年7月9日通过的第Ley 22/2003号法令废止。）

第五节 破产时债权人的权利及其优先权

（第908条—第919条已根据2003年7月9日通过的第Ley 22/2003号法令废止。）

第六节 破产后重新获得经营权

（第920条—第922条已根据2003年7月9日通过的第 Ley 22/2003 号法令废止。）

第七节 普通商事公司破产的总则

（第923条—第929条已根据2003年7月9日通过的第 Ley 22/2003 号法令废止。）

第八节 铁路公司、公共工程类公司及企业的无力支付和破产

（第930条—第941条已根据2003年7月9日通过的第 Ley 22/2003 号法令废止。）

第二章 时 效

第942条

本法典确定的因商事合同产生的诉讼的时效不得延长，超过诉讼时效后不得再要求回复原状。

第943条

本法典没有明确规定时限的诉讼，其时效的规定依据公共法。

第 944 条

时效因上诉或其他任何针对债务人的司法求助——对债务的承认或证明债权人权利的文书的更新——而中断。

若提出司法求助，但诉讼人提出放弃的、权利解除的或其请求被拒绝的，时效不中断。

因对债务的承认而中断其时效的，自作出承认之日起重新计算时效；因证明债权人权利的文书更新的，自新权利建立之日起重新计算；因债务的履行期间延长的，自履行债务之日起重新计算。

第 945 条

交易所代理人、经纪人、船运中介因其职务行为而产生的债务，诉讼时效为 3 年。

第 946 条

针对中介人提供担保的不动产的诉讼时效为 6 个月，自收到公共债券、商业证券或为经营而先期交付的资金之日起计算。按照本法典第 944 条规定中断或中止的除外。

第 947 条

公司股东针对公司或公司针对公司股东的诉讼时效为 3 年，分别自退出股份、被公司开除或公司解散之日起计算。

退出股份、被公司开除或公司解散之日，应根据其在商业登记中心登记的日期。

股东依据约定获得股息或分红的权利的时效为 5 年，自约定的收款日开始计算。

第 948 条

已离开公司的原股东提起诉讼应按照前条规定,且不应因公司或其他股东所履行法律程序而中断。

公司解散时仍属于公司的股东,其诉讼不应因其他股东的诉讼而中断,但可因有针对清算人的诉讼而中断。

第 949 条

对公司或企业的负责人或管理人的诉讼时效为 4 年,自负责人或管理人因某种原因停止管理行为之日起计算。

第 950 条

(有关支票和兑换的时效规定因《支票和兑换法》的规定而撤销。)

第 951 条

对运费、运输中的开支、共同海损的收取的诉讼时效为 6 个月,自承运人交付货物之日起计算。

收取乘客的上述费用的诉讼时效亦为 6 个月,自乘客抵达目的地或应支付以上费用之日起计算。

第 952 条

以下诉讼的时效为 1 年:
1. 与船舶的建造、修理、装备、供应以及船员的生计相关的劳务、工作、储备和供给。未确定时间或航线的，自支付或应当支付物品或金钱及提供服务或劳务之日起计算；确定时间或航线的，自结束航程或合同之日起计算；航程或合同中断的，自中断之日起计算。

2. 地面或海上运输中交付运货的诉讼，以及因交付的延迟、货物损害要求赔偿的诉讼的时效，自在目的地交付货物或根据指示应当交付之日起计算。

通过外表能发觉的接收货物的受损在接收货物时未声明的，以及不能通过外表发觉的接收货物的受损在接收货物后24小时内未声明的，不得提出诉讼。

3. 针对法定出卖船舶、陆运或海运货物，以及货物的保管、仓储、保存的开支的诉讼，要求航行、进港、领航、救助、援助和搜救的权利的诉讼。自产生开支或请求以上权利之日起计算，须履行一定程序的自履行程序之日起计算。

第 953 条

对撞船造成的损失请求赔偿的诉讼时效为 2 年，自海难发生之日起计算。

受损船舶的船长或代行船长职权的人在船舶靠港后未按照本法典第 612 条第 8 项和第 15 项（译者注）的规定作出声明的，其诉讼不得受理。

（译者注：新修订的《商法典》第 612 条没有第 15 项。）

第 954 条

因船舶抵押合同或海上保险合同产生的诉讼的时效为3年,自合同约定的时间或海难发生之日起计算。

第三章 一般规定

第 955 条

当王国发生战争、正式宣布的瘟疫和革命时,政府在征得国务会议和国会的意见后可中止依据本法典规定的时限提起的商事诉讼。当王国的部分地区发生以上事件的,可确定在该地区中止上述诉讼。

译后记

19世纪后半叶的西班牙注定是在伤感中度过的。

1492年8月3日拂晓,当意大利人哥伦布获得西班牙王室资助从西班牙巴罗斯港出航时,他纵然期待这次探险之旅会给自己带来丰厚的利润,但他绝没有想到他也为西班牙这个刚刚获得独立的民族开启了一种新的存在方式。接下来的100多年,从美洲到大洋洲,从亚洲到非洲,这个掌控着世界最多殖民地的君主国从他广袤的属地贪婪地获取沉淀了数千年的财富。一个大国就这样崛起了。

西班牙王室是这种存在方式最初的受益者,他迅速成为西方首富,但真正的受益者是西班牙商人。商人通过航海不但获得了意想不到的物质回报和社会地位,还获得了与王室讨价还价的资本和政治筹码。讨价还价最终发展成了剑拔弩张。进入19世纪,西班牙每隔十余年都会经历一场深刻的资本主义革命。社会动荡、国王外逃、民不聊生。尽管1874年底，阿方索十二成功镇压了第五次革命，重新掌握了王权，但他面对的这个国家已是千疮百孔。一个大国就这样衰落了。

不到30岁的阿方索十二戴上王冠时，对西班牙继续强国的历史还留有最后一丝幻想。他认为大国的复兴首先依赖国内政治环境的安定，上台之初便命令议会起草新宪法，以图在西班牙政治生活中引入英国式的两党制。掌握王权的15年间，他为缓和社会矛盾，在首相卡斯蒂略的辅佐下他正视西班牙商人的力量，给予资产阶级宽松的生存空间，并于执政末期颁布了《商法典》，随后便黯然离世。从1876年的《宪法》到1885年的《商法典》，我们看到了阿方索十二力图通过法律，确立各阶级地位，进而实现民族复兴的憧憬。也许是因为偏居欧陆一隅而限制了他的眼界，也许是因为千头万绪他还无力顾及太多，总之在我看来，他的治国方略过于理想化，幻想分权是资产阶级的核心诉求，以至于尽管他励精图治15年，英年早逝前也没有看到任何曙光。大国之路如同他的生命一样短暂。

年轻的阿方索十二走了,却留下了《西班牙商法典》这一鸿篇力作。年轻的阿方索十二走了,那就把他和他的民族的幻想留在《西班牙商法典》中吧。又时隔100多年,尽管这个民族经历了太多的苦难和麻木,他们依然只是对这部《西班牙商法典》修修补补,终究舍不得丢弃她。如同我在回老家祭祖路上邂逅的那位坐在老屋前细心擦拭母亲留下的嫁妆的老妪,她终身未嫁。有些幻想让人嗤之以鼻,而这样的幻想却让人肃然起敬。

怀揣着梦想,我们阔步于民族复兴的道路上。幻想永远是幻想,梦想却终将实现。一字之差,不同的是振作的勇气,不同的是面对挫折的坚持,不同的是最后的结局。

时钟已经指向2008年的清晨。此刻,窗外的国家体育场——"鸟巢",在朝霞的映照下蔚为壮观。心绪从西班牙回到中国,从书稿回到现实,我深感庆幸。

潘 灯

2008年元旦于奥运村

图书在版编目（CIP）数据

西班牙商法典/潘灯，高远编译－北京：中国政法大学出版社，2008.2
ISBN 978-7-5620-2925-0

Ⅰ.西… Ⅱ.①潘…②高… Ⅲ.商法－汇编－西班牙 Ⅳ.D955.139.9

中国版本图书馆CIP数据核字(2008)第020613号

书　　名	西班牙商法典	
出版发行	中国政法大学出版社(北京市海淀区西土城路25号)	
	北京100088信箱8034分箱　　邮政编码100088	
	zf5620@263.net	
	http://www.cuplpress.com（网络实名：中国政法大学出版社）	
	(010)58908325（发行部）58908285（总编室）58908334（邮购部）	
承　　印	固安华明印刷厂	
规　　格	880×1230　　32开本　　8.125印张　　155千字	
版　　本	2009年4月第1版　　2009年4月第1次印刷	
书　　号	ISBN 978-7-5620-2925-0/D·2885	
定　　价	20.00元	
声　　明	1. 版权所有，侵权必究。	
	2. 如有缺页、倒装问题，由本社发行科负责退换。	
本社法律顾问	北京地平线律师事务所	